A에서 Z까지

스토킹, 데이트 폭력, 디지털 성범죄

신현덕 편저

법문북스

머 리 말

　최근 스토킹과 데이트폭력으로 인하여 정상적인 일상생활이 어려울 만큼 정신적·신체적 피해를 입는 사례가 증가하고, 범행 초기에 가해자 처벌 및 피해자에 대한 보호조치가 이루어지지 아니하여 스토킹과 데이트폭력이 폭행, 살인 등 신체 또는 생명을 위협하는 강력범죄로 이어져 사회 문제가 되고 있습니다.

　이에 따라 스토킹이 범죄임을 명확히 규정하고 가해자 처벌 및 그 절차에 관한 특례와 스토킹범죄 피해자에 대한 각종 보호절차를 마련하여 범죄 발생 초기 단계에서부터 피해자를 보호하고, 스토킹이 더욱 심각한 범죄로 이어지는 것을 방지하여 건강한 사회질서의 확립에 이바지하려는 목적으로 2021년 4월 「스토킹 범죄의 처벌 등에 관한 법률」이 제정되어 시행하고 있습니다.

　이 법에서 스토킹범죄란 상대방의 의사에 반하여 정당한 이유 없이 피해자에게 접근하거나 따라다니거나 진로를 막아서는 행위, 주거·직장·학교, 그 밖에 일상적으로 생활하는 장소 또는 그 부근에서 기다리거나 지켜보는 행위, 우편·전화·정보통신망 등을 이용하여 물건이나 글·말·부호·음향·그림·영상·화상을 도달하게 하는 행위, 직접 또는 제3자를 통하여 물건 등을 도달하게 하거나 주거 등 또는 그 부근에 물건 등을 두는 행위, 주거 등 또는 그 부근에 놓여져 있는 물건 등을 훼손하는 행위를 하여 불안감 또는 공포심을 일으키는 것을 스토킹행위로 정의하고, 지속적 또는 반복적으로 스토킹행위를 하는 것을 스토킹범죄로 정의하고 있습니다.

그러나 스토킹 범죄가 살인 등 흉악범죄로 이어지는 상황을 고려할 때 반의사불벌죄를 적용하는 현행법은 범죄의 예방에 한계가 있다는 지적이 있어 이에 긴급응급조치에 스토킹행위자에 대한 위치확인 장치를 부착할 수 있도록 하고 잠정조치에는 위치추적 전자장치를 부착하도록 하여 적극적 가해자 감시장치를 만들어 피해자를 보호하려고 현행법의 개정을 추진하고 있습니다.

이 책에서는 스토킹과 데이트폭력, 디지털 성범죄에 적절히 대처할 수 있도록 알기 쉽고 자세하게 분류하고 상담사례 및 자주 물어본 질문들을 수록하여 누구나 편히 볼 수 있도록 편집하여 발행하였습니다. 이러한 자료들은 법제처의 찾기 쉬운 생활법령정보와 한국여성인권진흥원, 한국여성의전화, 네이버 지식백과 등의 자료를 참고하였으며, 이를 종합적으로 정리·분석하여 일목요연하게 편집하였습니다,

이 책이 스토킹과 데이트폭력, 디지털 성범죄의 피해를 입고 법을 잘 몰라서 억울하게 당하고 있거나 그 구제절차를 잘 몰라 당황하고 계신 분들과 이들에게 도움과 조언을 하고자 하는 분들에게 큰 도움이 되리라 믿으며, 열악한 출판시장임에도 불구하고 흔쾌히 출간에 응해 주신 법문북스 김현호 대표에게 감사를 드립니다.

2023. 3.
편저자 드림

목 차

Part Ⅰ. 스토킹과 스토킹범죄

Ⅰ

Part II. 데이트 폭력

Part III. 도움요청하기

Part Ⅳ. 피해자 보호 · 지원받기

Part Ⅴ. 2차 피해 예방 및 개인정보 보호

Part Ⅵ. 디지털 성범죄 알아보기

부록: 관련법령 및 판례

Part I.

스토킹과 스토킹범죄

스토킹과 스토킹범죄

1. 스토킹행위와 그 유형

1-1. "스토킹행위"란?

★ "스토킹행위"란 상대방의 의사에 반하여 정당한 이유 없이 상대방 또는 그의 동거인이나 가족에 대해 다음의 어느 하나에 해당하는 행위를 함으로써 상대방에게 불안감 또는 공포심을 일으키는 것을 말합니다.

- 접근하거나 따라다니거나 진로를 막아서는 행위
- 주거·직장·학교, 그 밖에 일상적으로 생활하는 장소(이하 "주거 등"이라 한다) 또는 그 부근에서 기다리거나 지켜보는 행위
- 우편·전화·팩스 또는 정보통신망을 이용해서 물건이나 글·말·부호·음향·그림·영상·화상(이하 "물건 등"이라 한다)을 도달하게 하는 행위
- 직접 또는 제3자를 통해 물건 등을 도달하게 하거나 주거 등 또는 그 부근에 물건 등을 두는 행위
- 주거 등 또는 그 부근에 놓여있는 물건 등을 훼손하는 행위

Q. 모르는 사람이 제 사진을 캡처해서 지속적으로 SNS에 게시하며, 애인인 척 글을 쓰고 있는 것을 친구를 통해 알게 됐어요. 이런 것도 스토킹일까요?

A. 「스토킹범죄의 처벌 등에 관한 법률」은 스토킹행위의 한 유형으로 "정보통신망을 이용해서 물건이나 글·그림·영상 등을 도달하게 하는 행위"를 명시하고 있습니다.

위 사례의 경우 피해자의 의사에 반하여 정당한 이유 없이 피해자의 사진을 SNS에 게시함으로써 불안감 또는 공포심을 야기하게 했지만, 피해자에게 직접적으로 글이나 영상 등을 도달하게 하지는 않았기 때문에 스토킹행위에 해당하기는 어렵습니다. 다만, 「스토킹범죄의 처벌 등에 관한 법률」에 따라 처벌되지 않을 뿐, 민사상 초상권 침해나 명예훼손 또는 모욕죄 등 다른 관련 법령에 따른 처벌이 가능합니다.

1-2. 스토킹 관련 법령

★ 스토킹행위는 「스토킹범죄의 처벌 등에 관한 법률」에 따라 제지·처벌되는 스토킹행위의 유형에 해당되지 않더라도 「스토킹범죄의 처벌 등에 관한 법률」이 제정·시행(2021. 10. 21.)되기 전에 적용되던 다음의 주요 스토킹 관련 법령에 따라 처벌될 수 있습니다.

구 분	스토킹에 해당하는 행위	처 벌
「경범죄처벌법」 제3조제1항 제19호·제40호· 제41호	[불안감조성] 정당한 이유 없이 길을 막거나 시비를 걸거나 주위에 모여들거나 뒤따르거나 몹시 거칠게 겁을 주는 말이나 행동으로 다른 사람을 불안하게 하거나 귀찮고 불쾌하게 하는 행위	10만원 이하의 벌금, 구류 또는 과료
	[장난전화 등] 정당한 이유 없이 다른 사람에게 전화·문자메시지·편지·전자우편·전자문서 등을 여러 차례 되풀이하여 괴롭히는 행위	
	[지속적 괴롭힘] 상대방의 명시적 의사에 반하여 지속적으로 접근을 시도하여 면회 또는 교제를 요구하거나 지켜보기, 따라다니기, 잠복하여 기다리기 등을 반복해서 하는 행위	
「정보통신망 이용촉진및 정보보호등에 관한 법률」 제44조의 7제1항제1호·제3호 및 제74조제1항제 2호·제3호	[불법정보의 유통] 음란한 부호·문언·음향·화상 또는 영상을 배포·판매·임대하거나 공공연하게 전시하는 내용의 정보를 유통하는 행위	1년 이하의 징역 또는 1천만원 이하의 벌금
	[불법정보의 유통] 공포심이나 불안감을 유발하는 부호·문언·음향·화상 또는 영상을 반복적으로 상대방에게 도달하도록 하는 내용의 정보를 유통히는 행위	

「형법」 제260조제1항, 제283조제1항, 제314조제1항 및 제319조제1항 등	[폭행] 신체에 대해 폭행하는 행위	2년 이하의 징역, 500만원 이하의 벌금, 구류 또는 과료
	[협박] 협박하는 행위	3년 이하의 징역, 500만원 이하의 벌금, 구류 또는 과료
	[업무방해] 허위사실을 유포하거나 위계 또는 위력으로 업무를 방해하 는 행위	5년 이하의 징역 또는 1,500만원 이하의 벌금
	[주거침입] 주거지, 관리하는 건조물 또는 점유하는 방에 침입하는 행위	3년 이하의 징역 또는 500만원 이하의 벌금
「성폭력범죄의 처벌 등에 관한 특례법」 제13조	[통신매체를 이용한 음란행위] 자기 또는 다른 사람의 성적 욕망을 만족 시킬 목적으로 전화·우편·컴퓨터·그 밖의 통신매체를 통해 성적 수치심 이나 혐오감을 일으키는 말·음향·글· 그림·영상 또는 물건을 상대방에게 도달하게 하는 행위	2년 이하의 징역 또는 2천만원 이하의 벌금
「여성폭력방지 기본법」 제3조제1호	[여성폭력] 지속적 괴롭힘 행위 등	

2. 스토킹범죄, 처벌이 강화됐습니다.

2-1 "스토킹범죄"란?

★ "스토킹범죄"란 지속적으로 또는 반복적으로 스토킹행위를 하는 것을 말하며, "피해자"란 스토킹범죄로 인해 직접적인 피해를 입은 사람을 말합니다.

★ 스토킹범죄는 흉기 또는 그 밖의 위험한 물건을 휴대하거나 이용해서 범죄를 저지른 경우가 아니라면 피해자가 구체적으로 밝힌 의사에 반하여 공소를 제기할 수 없는 반의사불벌죄(反意思不罰罪)에 해당합니다.

> ※ 반의사불벌죄(反意思不罰罪)
> 피해자가 가해자의 처벌을 원하지 않는다는 의사를 표시하면 처벌할 수 없는 범죄.

■ 상담사례

> **Q.** 전 애인이 SNS로 안부를 물으며 현재 저의 거주지 및 직장 등을 알고 있다고 하는데, 그 이후에 또 연락이 오진 않았지만 너무 불안합니다. 이런 경우에도 스토킹으로 처벌이 가능한가요?
>
> **A.** "스토킹행위"에 해당되기는 하지만 일회성에 그친 피해라면 「스토킹범죄의 처벌 등에 관한 법률」에 따른 처벌 대상인 "스토킹범죄"에 해당되지는 않습니다. 다만, 스토킹행위에 대해 경찰에 신고하면 스토킹행위 제지, 스토킹행위자와 피해자의 분리·범죄수사 또는 긴급응급조치 등 피해자 보호를 위

한 조치가 취해질 수 있으니, 경찰에 신고하여 도움을 요청
하시기 바랍니다.

2-2. 위반 시 제재

★ 「스토킹범죄의 처벌 등에 관한 법률」이 제정·시행되기 전 스토킹
은 폭행, 살인 등 강력범죄로 이어지지 않는 한 주로 「경범죄처
벌법」상 "지속적 괴롭힘"으로 분류되어 10만원 이하의 벌금이나
구류 또는 과료에 그쳤습니다.

★ 경미한 처벌에 그쳤던 스토킹범죄는 「스토킹범죄의 처벌 등에 관
한 법률」의 시행으로 처벌이 강화되어 3년 이하의 징역 또는 3
천만원 이하의 벌금에 처해지며, 흉기 또는 그 밖의 위험한 물건
을 휴대하거나 이용해서 스토킹범죄를 저지르는 경우에는 5년 이
하의 징역 또는 5천만원 이하의 벌금에 처해집니다.

★ 또한 법원은 스토킹범죄를 저지른 사람에 대해 다음의 구분에 따
라 재범 예방에 필요한 ① 수강명령, ② 스토킹 치료프로그램 이
수명령 또는 ③ 보호관찰·사회봉사중 하나 이상의 처분을 병과할
수 있습니다.

  - 유죄판결(선고유예는 제외)을 선고하거나 약식명령을 고지하는
    경우: 200시간의 범위에서 수강명령 또는 스토킹 치료프로그
    램 이수 명령 병과

  - 집행유예인 경우: 200시간 범위에서의 수강명령 외에 집행유예
    기간 내에서 보호관찰 또는 사회봉사 중 하나 이상의 처분 병과

구 분	내 용
수강명령	집행유예인 경우 그 집행유예기간 내에서 병과
이수명령	벌금형 또는 징역형의 실형을 선고하거나 약식명령을 고지하는 경우 병과 · 실형: 형기 내에서 집행 · 벌금형 또는 약식명령: 형 확정일부터 6개월 이내에서 집행

★ 수강명령·이수명령을 부과받은 후 정당한 사유 없이 수강명령·이수명령 이행에 관한 지시에 불응하여 경고를 받은 후 다시 정당한 사유 없이 지시에 불응한 사람은 500만원 이하의 과태료에 처해지며, 위반 횟수에 따라 과태료가 가중되어 부과됩니다.

구 분	과태료 가중 부과기준		
	1차 위반	2차 위반	3차 이상 위반
수강명령·이수명령 이행에 관한 지시에 불응한 경우	150만원	300만원	500만원

※ 여성가족부는 스토킹피해자에 대한 적절한 보호·지원제도를 위한 법적 근거 마련을 위해 2021년 11월, 「스토킹방지 및 피해자보호 등에 관한 법률」 제정안을 입법예고했으며, 2022년 4월에 국회에 제출하여 심의 중에 있습니다.
※ 부록에 이에 대한 전문이 수록되어 있습니다.

> *Q.* 「스토킹범죄의 처벌 등에 관한 법률」의 시행으로 스토킹범죄를 저지르면 이제 벌금형이 아닌 징역형까지 받을 수 있다던데, 사실인가요?
>
> *A.* 네, 스토킹은 주로 「경범죄처벌법」상 지속적 괴롭힘으로 분류되어 10만원 이하의 벌금이나 구류 또는 과료에 그쳤지만, 「스토킹범죄의 처벌 등에 관한 법률」의 제정·시행으로 처벌이 강화되어 스토킹범죄를 저지르면 최대 5년 이하의 징역 또는 5천만원 이하의 벌금에 처해 질 수 있습니다.
>
> ◇ 스토킹범죄에 대한 형벌
>   - 스토킹범죄를 저지른 사람은 3년 이하의 징역 또는 3천만원 이하의 벌금에 처해 집니다.
>   - 흉기 또는 그 밖의 위험한 물건을 휴대하거나 이용하여 스토킹범죄를 저지른 사람은 5년 이하의 징역 또는 5천만원 이하의 벌금에 처해 집니다.
>
> ◇ 형벌과 수강명령 등의 병과
>   - 법원은 스토킹범죄를 저지른 사람에 대해 유죄판결을 선고하거나 약식명령을 고지하는 경우 200시간의 범위에서 재범 예방에 필요한 수강명령 또는 스토킹 치료프로그램 이수명령을 병과할 수 있습니다.
>   - 법원은 스토킹범죄를 저지른 사람에 대해 형의 집행을 유예하는 경우에는 수강명령 외에 집행유예기간 내에서 보호관찰

또는 사회봉사 중 하나 이상의 처분을 병과할 수 있습니다.
- 수강명령·이수명령을 부과받은 후 정당한 사유 없이 수강명령·이수명령 이행에 관한 지시에 불응하여 경고를 받은 후 다시 정당한 사유 없이 지시에 불응한 사람은 500만원 이하의 과태료에 처해지며, 위반 횟수에 따라 과태료가 가중되어 부과됩니다.

3. 스토킹 특성

3-1. 일반적 특징

★ 몰래 지속적으로 따라다니는 것, 즉 지속적 미행이 스토킹입니다. 두려움을 매개체로 하여, 스토커들은 피해자들에게 조금씩 접근합니다. 몰래 따라다니는 것이 어원상 스토킹이 맞습니다.

★ 범죄행위 확인 자체엔 가해자가 상대에게 호감이 있었는지, 질투를 했는지는 신경 쓰지 않습니다. 범죄 수준 판단엔 사건의 결과와 정황 모두를 고려하여 가해자가 상대방을 괴롭히려는 의도가 있었느냐, 없었느냐를 참고사항으로 하여 피해사실을 눈에 보이는 결과로 살펴보고 결정되는 것입니다. 질투심 많은 사람들은 범죄를 저지르게 되는 건데, 처벌은 질투라는 감정의 댓가로 받아야 되는 게 아니라 범죄를 저지른 것의 댓가로 받아야 합니다.

★ 하지만 사람들의 오용과 달리 관심 표현, 소통은 분명히 스토킹은 아닙니다. 경범죄처벌법 제3조 제1항 제41호로 구애행위를 경범죄(벌금 10만 원 정도)로 처벌할 수는 있지만, 단순히 사람에게 접근하여 선물을 많이 주거나, 상대방을 모욕하거나 협박하는

내용이 없음에도 거의 매일 연락을 하여 상대가 부담느끼는 것은 사실상 무례함에 그칩니다.

★ 하지만 선물 중에 괴이한 것, 신음 소리 녹음, 불법 약물이 껴있다면 그것은 범죄가 맞습니다. 동성끼리도 컨디션이 안 좋거나 새벽에 갑자기 연락을 받으면 상대에 따라 짜증날 사례가 있겠지만, 이 경우 기분이 괜찮다면 시간 상관없이 연락을 주고 받을 수 있는 것입니다.

★ 절친한 사이든 아니든 한밤중이나 새벽에 갑자기 연락을 하는 것은 대부분 비상식적인 행위로 여겨지긴 해도 생각 차이, 쾌/불쾌 등의 개인적 감정 차이를 둘 수 있습니다.

★ 다만, 범죄행위는 이런 경우를 제외하는데 개인이나 특정 다수의 주관적 쾌/불쾌를 넘는 사안이 인식의 바탕인 것은 물론, 피해가 생명, 재산, 신체에 해를 가하는 정도가 크냐를 모두 따져 범죄로 인식할 수 있는 것입니다. 그러므로 단순히 지속적으로 접근하거나 접근해서 소통, 감정표현을 자주 하려 든다고 해서 스토킹이라 볼 수는 없습니다. 지속적으로 따라다니는 것과 지속적 접근은 분명히 구분해야 합니다.

3-2. 관계

★ 가해자는 전혀 모르는 사람이기도 하지만 대부분 아는 사람 또는 친밀한 관계인 경우가 많습니다.

- 스토킹 피해는 주로 (전)애인이나 (전)배우자와 같이 친밀한 관계에서 발생합니다.
- 과거 함께한 시간이 존재하기 때문에, 스토킹 행위를 폭력의 피해로 인식하는 데 시간이 걸리기도 합니다.

3-3. 행위

★ 스토킹 행위는 지속성 반복성을 지니며, 점차 심각화되는 경향을 보입니다.

- 스토킹 행위는 가해자의 목적이 달성되거나, 물리적으로 못하게 하는 경우를 제외하고는 행위가 지속, 반복되는 특징을 가집니다.
- 처음에는 비교적 경미한 행위(전화나 문자보내기, 선물보내기, 따라다니기, 잠복하여 기다리기, 특정 장소에서 지켜보기 등)로 시작하여, 시간이 지남에 따라 심각한 행위(주거침입, 협박, 폭언, 폭행, 납치, 강간, 살해 등)로 발전합니다.
- 따라서 초기에 대응할 수 있도록 기관의 적극적 조력이 필요합니다.

3-4. 피해

★ 스토킹 피해는 외부에 잘 드러나지 않으며, 일상생활에 큰 영향을 미칩니다.

- 피해자는 스토킹이 알려졌을 때 피해자가 받게 될 가족과 사회로부터의 불이익, 이전 가해자와의 관계로 인한 '죄책감' 등으로 주변에 도움을 요청하기보다 체념하는 경우가 많습니다.
- 스토킹 행위가 중단되어도 향후 대인관계를 맺거나 사회생활을 하는 데 어려움을 겪으며, 불안이 지속되어 일상적인 생활을 유지하기 어렵습니다.
- 위축된 피해자를 지지하며, 피해자의 상황을 고려하여 법적, 심리적, 조직적인 해결방안을 제안해야 합니다.

4. 문제점

4-1. 사생활 침해

★ 스토킹의 의미에 맞게 미행은 추적 행위로 사생활 침해로 민사 혹은 형사 처분이 가능한 것입니다. 도구를 사용하든, 몰래 따라가든 추적을 하면 이는 사생활 침해이므로 기본적으로 민사상 불법행위가 되거나 추적 방법과 과정을 고려하면(가령, 흥신소를 동원해 개인정보를 얻어낸다거나 등기부를 통해 거주지를 얻어낸다거나 추적 도중에 사람을 때린다거나 칼로 찔러 죽이려고 쫓아온다거나) 형법상 범죄행위까지 될 수 있습니다.

★ 이로써 직접적인 추적 말고도 모든 범죄행위가 한 사람을 대상으로 꾸준히 지속된다면 그 행위는 다 스토킹의 개념에 넣을 수 있습니다. 스토킹이 얼마나 이뤄졌느냐에 따라 형량이 부과됩니다.

4-2. 위협 행위

★ 명백히 말하자면 스토킹은 신체나 생명에 위협을 가하는 행위입니다. 추적은 신체의 자유에 속하는 사생활의 자유를 박탈하여 신체에 위협을 가하는 행위이기 때문입니다.

4-3. 상대방의 의사를 무시하는 집착

★ 스토커의 스토킹이 문제가 있는 것은 그들이 대상에 대한 잘못된 망상, 광적인 집착, 또 그로 인한 폭행, 살인 등 범죄를 일으킨다는 것입니다.

★ 스토킹 범죄자들은 상대방에 대해 병적인 소유욕과 집착을 보입니다. 스토커들의 대부분은 상대방을 물건처럼 소유하고 싶어 하

며, 이러한 집착에 대해 명확하게 거부함에도 상대방에게 끊임없이 집착합니다.

★ 이 경우 앞서 서술한 예시와 같이 양심의 가책을 느끼며 상대방에게 사과하고 상대방에게 집착하려는 마음을 버리는 것이 정상인데, 스토커들은 이 과정에서 상대방 의사나 감정은 고려하지 않으며, 감정 표출이나 집착 모두 일방적이고 공격적·강제적·맹목적인 양상을 띕니다.

★ 스토커들은 "내가 그 사람을 사랑해서 이러는 것이다"라고 주장합니다. 하지만 상대를 사랑한다면 상대를 인격체로 대하여 상대의 거부 의사도 인정하고 존중하며 상대에게 거부당했다면 왜 거부당했는지, 상대 및 제삼자에게는 나의 행동이 어떻게 비추어질지에 대해 반성하고 자신을 개선하려는 움직임을 보이게 마련입니다.

★ 스토커들은 자신이 자의적으로 정의한 '사랑'이라는 미명하에 상대의 인격권 및 재산권을 침해하는 민형사상의 죄를 저지르는 것입니다.

★ 상대방의 감정 또는 상대방과 관련된 인물에 대해 허황된 생각을 갖고 이를 사실로 여깁니다. 상대방이 침묵이나 거절 의사를 표하면 이를 긍정적 메시지로 곡해하며, 상대방이 오히려 자신의 집착을 원한다고 망상하며 착각합니다. 때문에 전문가들은 스토커들을 조금이라도 이해하려 하거나 들어줘서는 안 된다고 조언합니다. 잘못 접근하고 이해해줄 경우, 오히려 망상을 키우는 결과를 초래할 수 있기 때문입니다.

스토킹 피해를 겪고 있다면

★ 일단 스토킹이라는 의심이 들면 단호하고 분명하게 '싫다'는 태도를 보여주시고 절대 반응을 보이지 마세요.

★ 타이르거나 설득하려 하지 말고, 상대방에게 말려들지 않도록 대화는 간단히 끝내세요.

★ 혼자서 해결하려 하지 말고, 주변 사람에게 피해사실을 알리고 도움을 요청하세요.

★ 피해내용을 육하원칙에 맞게 자세히 기록하고, 증거를 수집해 두세요(사진, 쪽지, 문자, 메일, 대화 녹음 등 피해와 관련된 증거를 모두 보관해두세요).

★ 필요한 경우 전화번호를 변경하거나 이사하는 등 적극적으로 피하는 방법도 고려하세요.

★ 상담소나 경찰에 도움을 청해 법적 보호를 받을 수 있는지 알아보고, 단호한 입장을 보여주기 위해 미약한 처벌이 나오더라도 112에 신고하세요. 당장 법적인 대응을 하지 않더라도, 경찰 신고기록은 중요한 증거로 활용할 수 있습니다.

★ 스토킹이 범죄임을 인식하고 처벌 법안을 제정하는 데 적극적으로 참여하세요.

스토킹 대처법

1. 스토킹 피해자는 스토킹 피해를 입고 있다는 것을 명확하게 공개해야 합니다.

★ 스토커는 스토킹을 하는 피해자의 심리상태를 스토커 본인이 가해를 하면서 통제할 수 있거나 통제해야 한다고 망상하므로 이러한 스토킹 행위를 피해자가 거부 의사를 명확히 표현하지 않거나 주변에 알리지 않고 숨기려는 심리상태를 이용하여 피해자를 가해하려 합니다. 이러한 스토킹에 절대로 굴복하지 말고 스토킹 피해 사실을 이용 가능한 모든 수단을 이용해서 공개해야 합니다.

★ 스토킹 가해자는 대부분 가해자 본인의 스토킹 사실이 알려지면서 사회적 위치, 명예감정에 해를 입는 것을 두려워하므로 가해자가 가지는 인맥, 지위, 재력 등을 이용하여 피해자에 대한 나쁜 여론을 만들어내려 하거나, 법으로 자신을 어떻게 할 수 없을 것이라고 조롱하거나 피해자를 명예훼손 등으로 역고소하겠다는 등 적반하장적 태도, 심지어는 살해로까지 이어지는 물리적 폭력을 가하려 들 수 있으므로 피해자는 스토커의 극심한 스토킹을 겪고 있다면 절대로 스토킹에 위축되거나 굴복하지 말고 강경하게 대응할 수 있어야 합니다.

2. 어떠한 경우에도 스토커와 피해자가 서로 만나서는 안 됩니다.

★ 스토커는 스토킹을 하는 상대에 대한 병적 망상을 하고 있으며, 대화로 해결하려는 자체가 스토커에게 집착할 이유를 만들어 줍니다. 특히 스토커가 '만나서 대화로 해결하자'(혹은 피해자 쪽에서 스토커와 대화로 해결하려는 것)같은 요구를 하더라도 절대 받아주면 안 됩니다.

★ 스토커를 상대할 때 가장 중요한 원칙으로 스토커와 피해자가 만나는 일이 없어야 합니다. 누군가를 대동하거나 대리인을 내세우는 것도 마찬가지입니다(이럴 경우는 그 대리인이 위험해질 수 있습니다.). 스토커가 피해자를 폭행하거나 흉기를 이용한 위협이나 납치를 할 수도 있습니다.

3. 스토킹 피해자나 그 주변인의 철저한 정보 보안 유지는 필수입니다.

★ 스토커는 스토킹을 하는 상대에 대한 모든 정보를 알아내려 하기 때문에 스토커의 괴롭힘을 당하는 중이라면 SNS에 스토킹 피해자의 사진이나 전화번호, 학교, 직장, 집 주소와 같은 개인 신상이나 행적과 관련된 정보는 게시해서는 안 됩니다.

★ 특히 최근의 SNS나 스트리밍 서비스에서 제공하는 실시간 스트리밍은 스토킹에 아주 취약해집니다, 위치를 직접 알려주지 않더라도 랜드마크나 간판 등으로 위치를 추적할 수 있습니다.

★ 물론 스토커가 피해자의 친구, 지인에게도 접근할 수 있으므로

주변에 자신이 스토킹을 당한다는 사실을 밝히고 공개적으로 대응해야 합니다.

★ 스토킹은 정말로 지능적으로 이루어지기 때문에 스토커의 피해자와의 사회적 관계(혼인관계, 전 애인, 교사-학생, 직장 관계 같은 것들)나 사회적 인상(착하게 생겼다, 순진하다, 효자다 등)이나 지위를 이용해 온갖 방법으로 정보를 물어봅니다.

★ 스토킹 피해를 공개적으로 밝히는 것이 매우 중요한 것이 피해자에 대한 정보를 아는 제삼자가 피해자의 스토킹 피해를 모를 경우 정보를 스토커에게 제공해줄 수도 있기 때문입니다.

★ 심지어는 흥신소나 뇌물을 통한 비합법적 방법까지도 동원됩니다. 온라인 스토커의 경우 다중 계정이나 가계정을 만들어 스토킹을 하는 것에 능숙하기 때문에 온라인 상에서 모르는 사람이 접근한다면 의심해야 합니다. 온라인 매체의 계정명을 모두 동일하게 작성했을 경우 가입한 모든 매체에서 스토커가 출몰할 가능성이 많습니다.

4. 휴대전화나 온라인 메신저, 인터넷 전화를 이용한 전화, 문자 스토킹의 경우

★ 피해자의 전화번호를 스토커가 아는 것도 심각한 피해를 입는데 스토커의 번호를 수신차단한다 하더라도 스토커는 이용할 수 있는 다른 전화기 즉 타인의 전화나 공중전화, 카카오톡, 라인 같은 메신저 앱의 인터넷 전화, 페이스북 메신저, 인스타그램 DM 등과 같은 이용 가능한 모든 문자, 음성통신 수단으로 연락을 하려고 할 것입니다.

★ SNS야 하지 않으면 그만이라 하더라도 일상생활에 휴대전화가

필수적이기에 전화기를 꺼 놓을 수도 없어 피해자는 굉장한 정신적 피해를 입습니다. 만에 하나 스토커의 전화를 받는다 하더라도 제대로 말을 하지 않고 바로 끊어 버리거나 스토커가 집착하는 내용만 읊는 짓을 할 것입니다.

★ 스토킹 처벌법에서는 전화 스토킹도 명시하고 처벌하고 있지만 하루에도 수백 번도 전화를 거는 악질 스토커가 그런 법으로 겁을 먹고 스토킹을 중지하지는 않는다고 봐야 합니다.

★ 전화 스토킹은 피해자가 방어할 수단이 차단 정도밖에 없는 현실에서는 피해자가 번호를 바꾸는 것이 최선입니다. 전화 스토킹이 스토킹을 하는 가장 쉬운 수단이면서 피해자를 괴롭힌다는 점에서 스토킹 처벌법이 추후 벌금형 이상의 실형을 선고할 수 있는 강력한 법으로 개정되기를 기대할 수밖에 없습니다.

★ 개인 휴대전화 번호를 2개 이상 이용하는 것도 스토커를 막는 데 이용해볼 수 있겠지만 피해자에게 그만큼 경제적 부담이 됩니다. 차라리 스토커가 폭언이나 모욕을 한다면 정보통신망법의 불법정보의 유통금지로 처벌을 받을 수 있게 하겠지만 모든 스토킹의 유형에 적용할 수 있는 것도 아니라 피해자만 이래저래 고생만 합니다.

★ 스토킹이 스토커가 '피해자를 좀 유별나게 좋아하는 것, 그저 심한 애정행위 정도로만 이해하는 상대'같은 반응을, 특히 법집행을 하는 경찰이나 검사 등의 공무원이 그런 반응을 보인다면 공식적인 민원을 통해 교정을 요구하도록 합니다.

★ 이게 문제가 되는 것이 분명히 체포해야 하는 상황에서도 스토킹을 그냥 좀 많이 좋아하는 애정관계로만 생각하면 경찰이 아무 도움도 안 주고 그냥 가버리는 수가 있습니다.

★ 만약 친구나 지인이 스토킹을 애정행위로만 여기고 오히려 가해자를 두둔하려 한다면 스토커는 스토킹 상대를 살해하기도 하는 중증의 이상심리라고 꼭 알려주어야 합니다. 유별난 사람으로 보일 수도 있지만 스토커가 피해자의 주변을 통해서도 정보를 얻어내려 하는 점을 보면 차라리 유별난 사람 취급을 받는 것이 낫습니다.

5. 스토커가 접근하거나 연락이 오는 모든 통신수단을 기록하거나 보관합니다.

★ 당연한 것이지만 스토킹 피해입증을 하는 중요한 증거가 됩니다. 또한 스토커가 피해자의 사생활 특히 성생활 같은 민감한 내용에 대해 유포하겠다거나 누군가에게 보내겠다는 것은 스토킹 이전에 협박죄이므로 경찰에 신고해야 합니다.

6. 스토커의 자살협박에 휘둘리지 말 것.

★ 스토커가 '내가 원하는 대로 하지 않으면 자살하겠다' 라는 자살협박을 가할 수도 있습니다. 이러한 자살협박에 회유되거나 굴복해서는 안 됩니다. 이러한 자살협박을 받으면 경찰이나 생명의 전화 등 자살예방 단체에 신고하면, 경찰이 친절하게 스토커를 찾아 갈 것입니다.

★ 스토커는 스토커 피해자에게 내(스토커)가 스토킹을 하는 이유는 피해자가 잘못해서 그런 것이라는 정서적 공격(2차 가해. 가스라이팅)을 가할 가능성이 높습니다. 그러나 수사기관이나 범죄 피해자가 용의자를 추적하는 것도 아니고, 과거에 얼마나 가까운

사이였던 간에 스토커가 스토킹을 하는 것 자체가 잘못된 것이
며, 피해자가 위축되어야 할 이유는 없습니다.

★ 그러한 이유로 스토커의 요구를 당장 들어준다 하더라도 스토커는
어떠한 식으로든 폭력을 멈추지 않을 것이며 피해자를 괴롭힐 것입
니다. 스토커가 스토킹을 하는 이유는 스토커의 병적 집착과 분노
때문이고 그러한 스토킹의 해결은 스토커 본인이 스토킹을 중지하
는 것이지 피해자가 가해자의 요구를 들어 주는 것이 아닙니다.

7. 중증 스토킹범은 잠재적인 살인범으로 간주해야 합니다.

★ 스토커는 피해자나 그 가족, 연인, 주변인을 살해하거나 방화와
같은 테러 행위까지도 저지를 수 있다고 전제해야 합니다. 스토
커 본인이 개심하거나 정신과적 치료를 받으며 자숙하지 않는 이
상 피해자를 살해하는 것으로 스토커 본인의 병적 분노를 해결하
려 할 것이라고 전제해야 합니다.

★ 이런 경우는 단순히 피해자와 그 주변인들이 조심한다고 해결되
는 문제가 아니므로, 본인과 그 가족이 매우 극심한 피해를 받고
있다면 언론이나 인터넷 공개 게시판, 대통령실 신문고 등 가능
한한 모든 공적인 수단을 동원해서 피해 사실을 밝히고 강경한
대응을 해야 합니다.

8. 온라인 스토킹도 엄연한 스토킹.

★ 온라인을 통해 이루어지는 스토킹은 그 양상이 다른데, 기본적으
로 인터넷 검색엔진이나 SNS 등의 검색기능을 통해 이루어지고

피해자와 아는 사이가 아닌 여러 언행 등으로 이슈가 되거나, 정치, 사상적으로 적대적으로 취급하는 것을 지지하거나 관련된 행동을 하는 사람, 혹은 정치병자가 정치적으로 중도적 입장을 가진 사람에게 행해집니다.

★ 익명성을 가진 불특정 다수가 스토커가 될 수 있고, 익명성의 특성상 정서적으로 위해를 가하려는 목적의 과격한 발언을 합니다 (인간쓰레기 등의 인격 비하, 살해 당하거나 할 것이라는 언어상의 협박, 스토킹 대상의 과거 온라인 행적 따위).

★ 또한 그러한 행위가 공개된 커뮤니티 등에서 정의구현, 혹은 다수가 원하는 일을 대신해 주는 행동대원 취급을 하기 때문에 스토킹 행위가 옹호받거나 은폐됩니다. 스토커들도 본인의 행위가 스토킹이라는 자각이 약합니다.

사이버스토킹 예방수칙

★ 지인이라도 되도록 개인정보를 주는 것 자제하되, 꼭 필요한 사람에게는 필요 최소한의 정도만 알려줄 것

★ 온라인 상에서 자신의 사적정보(성별, 나이, 직업 등) 비공개 설정

★ 모르는 사람의 쪽지 또는 대화신청은 가급적 답변하지 말기

★ 상대방이 계속적으로 불안감을 조성하는 행동을 보인다면 거부의사를 분명하게 밝힐 것

※ 이때 단호하게 거부의사를 밝혀야 하며, 자칫 상대방과 대화를 시도하여 중지하려고 하면 관심의 표현으로 오해를 할 수 있음

★ 피해 발생이 예상되는 경우, 통화 녹취 및 채팅 대화 캡쳐 등 증거자료를 확보하여 수사기관 신고

스토킹 사례와 처벌

1. 스토킹범죄로 볼 수 있는 피해 사례(스토킹처벌법 적용)

[사례 1] 가족으로부터의 스토킹(가족관계였던 경우 포함)

- 결혼 후 피해자는 가해자의 괴롭힘, 반복되는 통제와 의심, 원치 않는 성관계 등으로 고통을 겪다 집을 나와 이혼소송을 진행중 가해자는 지속적인 문자와 부재중 전화를 남기고, 피해자의 주변인에게 연락하여 소재를 파악하려 시도하고 만남을 요구함.

[사례 2] 연인으로부터의 스토킹(연인관계였던 경우 포함)

- 이전에 교제를 했던 직장동료인 가해자가 피해자를 좋아한다며 문자메시지를 보내며, 본인이 원치 않은 대답 또는 반응을 보일 때 다시금 문자를 보내 피해자를 괴롭힘. 피해자가 수시로 전화번호 변경 후 차단을 했으나 지속적으로 문자를 보냄.

- 3년 전 헤어진 애인의 연락을 무시했으나, 가족과 친구들에게 지속적으로 연락을 함. 가해자의 반복적인 연락으로 휴대폰 번호를 변경하였으나, 어머니 혼자 거주하는 집에 수시로 찾아가는 등 오히려 스토킹의 대상이 확대되었음. 피해자는 동생을 비롯한 가족에게 해를 끼칠까봐 불안해하며 이사를 고려 중임.

[사례 3] 온라인을 통한 스토킹

- 게임, 커뮤니티에서 소통해 본 적 있는 가해자가 피해자의 SNS를 알아내서 원치 않는 댓글을 달고. DM(다이렉드메세지)을 반복해서 보내기 시작함. 피해자가 거절 의사를 밝히고 가해자의 계정을

차단했음에도 새로운 계정을 신설하여 지속적으로 보내며, 피해자의 신상정보 등 게임, 커뮤니티에서 언급했던 대화 내용을 반복적으로 게시하고 전송함.

[사례 4] 모르는 사람의 스토킹

- 피해자는 언젠가부터 같은 건물에 사는 가해자가 자신의 출퇴근 시간에 맞춰서 기다리고 있다는 느낌을 받음. 처음엔 기분 탓이라 여겼으나, 휴가여서 나가지 않은 날에도 피해자의 출근시간대에 가해자가 서성이는 것을 보았음. 최근에는 보기만 하는 것이 아니라 지하철역까지 따라오기도 하여 불안함을 느낌.

- 잡지 모델로 활동 중인 피해자는 인터넷 방송과 SNS로 팬들과 자주 소통함. 자신의 글에 늘 같은 댓글을 다는 사람이 있어 처음엔 팬인 줄 알고 친절하게 대함. 어느 날부터 자신이 SNS에 올린 장소로 찾아오기도 하여 두려움을 느꼈으나, 유명인으로서 특정인에게만 거절 의사를 밝히는 것이 부담스러워 대응하지 못하고 있음.

※ 위 사례들은 스토킹처벌법 상 스토킹범죄로 볼 수 있으며, 신고 등의 조치가 가능합니다.

2. 현행법상 '스토킹범죄'로 보기 어려운 피해 사례(타 법 적용 가능)

[사례 1] 피해자에게 직접적으로 글이나 영상 등이 도달하지 않은 경우

★ 피해자는 친구를 통해 자신의 사진이 어떤 사람의 SNS 게시물에 올라가 있다는 이야기를 들음. 확인해 보니, 모르는 사람이 자신이 인스타에 올린 사진을 캡처해서 지속적으로 게시하며 애인인 척 글을 쓴 것을 보게 되어 극심한 불안감에 휩싸임.

- 스토킹처벌법상 범죄는 정보통신망을 이용하여 물건, 글, 그림, 영상 등을 도달하게 하는 행위를 지속 또는 반복하여 불안감 또는 공포심을 야기하게 한 경우만 명시됨.

- 위 사례는 상대방의 의사에 반하여 지속적•반복적으로 불안감 또는 공포심을 야기하게 하였지만 피해자에게 직접적으로 글, 영상 등을 도달하게 한 행위가 아니기 때문에 스토킹 행위에 해당하기 어려움.

- 단, 민사상 초상권 침해에 해당될 수 있으며, 만약 피해자를 비하하거나 모욕하는 글을 게시했다면 명예훼손 또는 모욕죄 성립이 가능함.

[사례 2] 지속성 반복성이 없는 경우(한 번만 이루어진 행위)

★ 피해자의 전 애인이 인스타에서 안부를 물으며 DM(다이렉트메세지)을 통해 현재 직장 등 신상에 대한 이야기를 한번 함. 피해자는 전 애인이 자신의 직장, 사는 위치 등을 알고 있다는 것에 놀랐으며 불안해 함.

- 스토킹행위에 해당되지만, '스토킹처벌법'에서 일회성 피해라면

'스토킹범죄'에는 해당하지 않음. '스토킹범죄'는 지속적 또는 반복적으로 스토킹행위를 하는 것으로 규정함.

※ 알아두기 ※

단 1회 이루어진 '스토킹행위'를 곧바로 처벌할 수는 없으나, 경찰이 '스토킹행위'에 대하여 신고를 받은 경우 즉시 현장에 나가 스토킹행위의 제지 등의 조치를 취하여야 하고(제3조), 스토킹행위가 지속적 또는 반복적으로 행하여질 우려가 있고, 스토킹범죄의 예방을 위하여 긴급을 요하는 경우 접근금지 등의 긴급응급조치를 취할 수 있음(제4조).

※ 함께 알아두면 유용한 법률(명예훼손)

정보통신망 이용촉진 및 정보보호 등에 관한 법률 제70조(벌칙)

① 사람을 비방할 목적으로 정보통신망을 통하여 공공연하게 사실을 드러내어 다른 사람의 명예를 훼손한 자는 3년 이하의 징역 또는 3천만원 이하의 벌금에 처한다.

② 사람을 비방할 목적으로 정보통신망을 통하여 공공연하게 거짓의 사실을 드러내어 다른 사람의 명예를 훼손한 자는 7년 이하의 징역, 10년 이하의 자격정지 또는 5천만원 이하의 벌금에 처한다.

※ 스토킹범죄 피해자가 아니더라도, 지원은 가능합니다. 더불어 각 사건의 개별 특성에 따라 적용되는 법이 달라질 수 있습니다.

자주하는 질문

[사례 1]

Q. (처벌) SNS로 모르는 사람이 계속해서 만나자고 DM(메시지)를 보내는데 스토킹에 해당되나요?

A. 네, 해당됩니다. 일회성이 아닌 지속적, 반복적으로 상대방 의사에 반하는 행위를 할 경우 스토킹처벌법에서 정의하는 범죄에 해당됩니다. 단, 일회성에 그친 경우 스토킹처벌법이 정의하는 스토킹범죄로 보기 어려우나 신고가 가능하며 피해자 지원 또한 가능합니다.

[사례 2]

Q. (처벌-예외) 본인의 SNS에 상대방의 사진을 캡처하여 지속적으로 게시한 경우, 스토킹처벌법으로 처벌이 가능한가요?

A. 스토킹처벌법이 적용되려면 관련 행위가 상대방에게 도달해야 합니다. 피해자가 상황을 인지하고 거절 의사를 밝혔음에도 사진을 게시한다면, 민사상 초상권 침해에 해당하여 손해배상책임 문제가 발생할 수 있으며, 모욕적이고 피해자의 명예를 훼손하는 내용이 포함되어 있다면 형법상 모욕죄 및 정보통신망법상 명예훼손죄가 성립될 수 있습니다. 가해자가 가정 구성원에 해당한다면 가정폭력처벌법 피해자 보호명령 등을 활용할 수 있습니다.

[사례 3]

Q. (의료지원) 스토킹범죄로 인한 심각한 정신적 피해로 정신과적 치료를 요하는 내담자에게 의료비 지원이 가능할까요?

A. 네, 가능합니다. 피해자의 후유증을 최소화하기 위한 정신과적 치료도 가능합니다.

[사례 4]

Q. (입소지원) 스토킹 피해를 호소하는 이주여성도 쉼터에 입소할 수 있나요?

A. 네, 기존 폭력피해이주여성 보호시설에 입소하여 보호와 지원을 받을 수 있습니다.

[사례 4]

Q. (법률지원) 스토킹 피해자에 대해 무료법률지원도 가능해지나요?

A. 네, 무료로 형사, 민사, 가사 소송 등 법률구조가 가능합니다. 무료법률 지원사업을 활용할 수 있으며, 한국성폭력위기센터, 대한법률구조공단, 대한변호사협회 법률구조재단, 가정법률상담소에서 지원받으실 수 있습니다.

상담사례 모음

■ **만나주지 않으면 죽겠다고 해요.**

Q. 우연히 모임에 갔다가 알게 된 사람이 저한테 관심이 있다며 사귀자고 했어요. 지금은 누굴 만나고 싶지 않다고 했더니 다시 생각해보라며 매일 같이 연락을 하고, 만나주지 않으면 죽겠다고 하더라고요. 그래서 사람 하나 살리는 셈 치고 어쩔 수 없이 사귀게 된 지 세 달 정도 됐어요. 여러 번 만났지만 아무래도 우리 둘은 안 맞는 거 같아서 헤어지자고 했더니 죽어버리겠다고 하네요. 더 이상 만나고 싶지 않은데, 헤어지면 정말로 저 때문에 죽을까봐 불안하고 겁나요.

A. 연애의 시작도 상대가 만나주지 않으면 죽겠다고 해서였고, 헤어지지 못하는 이유도 같은 상황이네요. 서로 사랑하는 만큼 아껴주어도 부족한데 자기 마음을 받아주지 않는다고, 만나주지 않는다고, 헤어지자는 말에 죽겠다고 하는 사람이라면, 그 사람과 만나는 동안에도 항상 불안에 시달렸을 것 같습니다.

아마 그동안 헤어지려고 여러 차례 시도하셨을 것 같은데, 그때마다 상대는 죽지는 않고 자살 위협만 하지 않았나요? 상대는 자신의 목숨을 갖고 흥정하는 사람이거나, 죽겠다는 말에 님이 마음 약해지는 것을 알고 협박을 하는 것일 수 있습니다. 아직까지 죽지 않았다는 것은 앞으로도 죽지 않을 것을 의미합니다. 그리고 정말 자살을 했다고 해도 그것은 그 사람의 선택이고 잘못이지, 님의 책임이 아닙니다. 불안하고 두려운 마음은 이해하지만, 상대가 죽는 것이 두려워 못 헤어지는 것은 상황을 더욱 악화시킬 뿐입니다. 자신의 목숨을 갖고 흥정하는 무책임한 사람보다는 서로의 가치를 알고 존중해주는 사람과 만나셨으면 좋겠습니다.

■ 미안해서 거절하지 못했어요.

Q. 몇 달 전 소개팅으로 사람을 만났는데 처음 만나는 자리에 선물을 가져왔어요. 이런 게 처음이라 너무 로맨틱하고 좋았어요. 그 뒤로도 자주 선물해주고, 잘해주니까 너무 좋았어요. 그런데 받기만 하는 게 미안해서 나도 뭔가를 해줘야 할 것 같더라고요. 데이트 중에 갖고 싶은 게 뭐냐고 물어봤더니 없대요. 그리고 나서 시간이 늦어서 집에 가려고 했더니 모텔에 가서 술을 한잔 더 하자고 하더라고요. 거긴 안가고 싶다고 했더니 자길 못 믿는 거냐며 섭섭하다고 해서 거절할 수가 없었어요. 그 날 원치는 않았지만 성관계를 했는데, 그 사람이 다음 날부터 전화를 받지 않네요. 이용당한 거 같아 너무 화가 나요.

A. 데이트 비용을 한 사람이 일방적으로 내면, 받는 쪽은 부담을 느끼게 되고, 당연히 비용을 내는 쪽이 관계를 주도하게 됩니다. 그리고 받는 쪽은 자신의 의사를 분명하게 전달하기 어려운 구조가 만들어지기 마련이죠. 데이트 비용뿐만 아니라 선물도 마찬가지고요. 상대에게 선물을 요구하거나 원했던 것은 아니지만, 님이 받기만 하는 상황이 되니 성관계를 요구하는 상황에서 자신의 의사를 분명하게 말하기 어려웠을 것으로 보입니다.

특히 여성의 몸을 대상화하며 거래의 대상으로 여기는 사회문화 속에서 여성의 몸/성이 직·간접적으로 데이트 비용에 대한 보상/대가가 되곤 합니다. 흔히 이성애관계에서 남성이 데이트비용을 부담하고, 여성은 그 비용만큼 자신의 외모를 가꾸는데 쓴다는 식의 얘기도 그러합니다.

상대가 "자길 못 믿느냐"는 식의 이야기를 하고는 적극적으로 동의를 구하지도 않고 성관계를 한 것은 물론 잘못된 것입니다. 이용당한 거 같은 화가 나는 감정도 충분히 이해가 가고요. 그러나 님 스스로도 원치 않았음에도 성관계를 하게 된 상황에 대해 곰곰이 생각해보면 좋겠어요. 이런 상황이 또 다시 반복되면 안 되니까요. 수많은 것들을 소통하고 조율해야 하는 데이트 관계 안에서 한 사람이 그것이 무엇이든 부담하거나 결정하는 것은 좋지 않습니다. 불평등한 관계 안에서는 폭력이 발생하기도 쉽고요. 데이트 상대와 데이트 계획이나 스킨십 등 모든 과정을 함께 논의해서 결정하고, 역할과 책임을 함께 나누면서 평등한 관계를 맺어가는 훈련을 하면 좋을 것 같아요.

■ 친구가 폭력을 당했어요.

Q. 제 친구가 사귀던 사람한테 많이 맞았어요. 다들 헤어지라고 하는데 친구는 그럴 수 없다고 해요. 그런데 폭력이 그 전에도 여러 번 있었던 것 같아요. 어떨 때는 애인과 만나야 한다고 약속에 나올 수 없다고 하고요. 특히 저 만나는 걸 그 애인이 싫어해서 그러는 것 같아요. 무서워서 헤어질 결심도 못하는 것 같은데 제가 어떻게 도울 수 있을까요?

A. 일단 님이 친구의 폭행을 알게 된 것이 천만 다행입니다. 친구도 못 만나게 하는 상황이라면 그 친구 분이 애인의 폭력에 어떻게 대처할지 생각하는 것은 꿈도 못 꾸었을 수 있습니다. 친구 분은 헤어질 수도 없다고 생각하고 친구나 가족들한테 말하지 못했을 것이고, 그러면서 점점 고립되었을 것입니다.

친구의 상황을 돕기 위해서는 전문가와 상담이 필요해 보입니다. 친구 분이 폭력에서 벗어나기 위해서는 익숙해져버린 폭력적 환경에서 피해 나와 있을 필요가 있습니다. 잠시 애인과 떨어져서 생각할 시간을 갖는 것이 좋습니다. 폭력이 발생할 위험성이 있다면 쉼터를 이용하면서 안전을 확보하는 것도 좋은 방법입니다. 친구 분이 쉼터 이용과 더불어 전문기관과의 지속상담을 통해 심리적 안정을 되찾는 것부터 시작하도록 권해주세요. 그리고 그 과정에서 이별을 결심하도록 도와주는 건 어떨까요?

■ 술만 안 마시면 괜찮은 사람인데...

Q. 만난 지 3년이 된 애인이 있어요. 만나온 시간들도 있고, 서로 나이도 있고 해서 결혼을 생각하고 있어요. 그런데 애인이 술 마시면 전혀 다른 사람이 돼요. 찾아오고, 욕하고, 물건 부수고, 그것도 모자라 밤새도록 괴롭혀요. 술이 깨면 언제 그랬냐는 듯이 원래 모습으로 돌아오고요. 술을 끊겠다는 약속을 수십 번도 더 한 것 같아요. 예전엔 그러고 나면 미안한 기색이라도 있었는데 요즘은 스트레스 때문에 그런다면서 당당하게 말하네요. 술 마시고 행패부리는 것만 빼면 정말 괜찮은 사람인데... 이 사람과 결혼해도 될지 고민이 되네요. 결혼하면 달라질 수 있다는 얘기들도 있던데, 결혼하면 정말 달라질까요?

A. 결혼을 생각하고 계시는군요. 함께 추억을 쌓은 3년은 짧지 않은 시간이고 또 소중한 시간일 테지요. 그런데 앞으로 함께할 시간이 50년 정도 남았다고 볼 때, 그 세월 동안 수십 번이 아니라 몇 백번 술을 끊겠다는 약속이 번복되고, 지금 하는 행동들이 반복될 수 있다면 어떻게 하시겠어요?

신체적 폭력이 없다 해도 술이 취했을 때 애인이 하는 행동은 폭력입니다. 미안하다고 사과를 했으면 약속을 지키고 달라져야죠. 그런데 요즘은 스트레스라는 또 다른 핑계거리가 등장했네요.

결혼 전에는 좋기만 했던 연인들도 결혼을 하면 또 다른 현실을 맞이하며 힘들어합니다. 그런데 이미 갈등이 있다면 결혼 후의 현실은 기대와 전혀 다를 수 있겠죠. 결혼은 애인의 변화를 확인하고 결혼해도 되겠다는 확신이 생긴 뒤에 결정해도 늦지 않을 것 같습니다.

■ 이제 그만 벗어나고 싶어요.

Q. 헤어지자고 한 게 충격이었을까요? 애인에게 헤어지자고 한 지 반년이 넘었는데도 계속 집 앞에 찾아오고, 매일 카톡을 보내면서 "네가 날 떠날 수 있을 줄 아냐, 성관계한 사실을 부모한테 알리고, 학교에 소문을 내겠다"라고 해요. 요즘에는 부모님도 가만히 두지 않겠다고 해서 저 때문에 부모님이 위험해지실까 너무 두렵습니다. 제발 놓아달라고 하는데도, 도무지 그 사람에게서 벗어날 수 있을 것 같지가 않아 절망스러운 마음뿐입니다.

A. 헤어지자고 한 지 반년이 넘었는데, 그동안 혼자서 얼마나 외롭고 힘들었을지 짐작이 가네요. 둘 중 하나라도 마음이 떠나면 하게 되는 게 이별입니다. 권리로 본다면 양쪽 모두에게 만나고 헤어짐의 권리가 주어지는 것이지, 상대가 나를 놓아주어야만 헤어질 수 있는 건 아니지요. 혹시 먼저 헤어지자고 한 것에 대한 미안함이나 상대가 마음을 정리할 때까지 기다려줘야 한다는 생각으로 대응하는데 어려움이 있다면, 마음을 정리하는 것은 상대의 몫이니 그러한 짐을 내려놓았으면 좋겠습니다.

스토킹은 이별폭력에서 주로 나타나는 것으로, 심각한 범죄로 이어질 수 있어요. 더 큰 피해를 막기 위해서는 위험성을 인식하고 적극적으로 대응해야 합니다. 부모님이나 학교에 성관계 사실이 알려지는 게 충분히 두려울 수 있어요. 그러나 아직 일어나지 않은 일에 대한 두려움보다 상대의 협박과 스토킹으로 인한 고통이 더 크지 않나요? 부모님은 님의 성관계 사실보다 혼자서 마음 고생하며 힘든 시간을 보내고 있는 걸 더 가슴 아파하실 겁니다. 특히나 상대가 부모님에게도 위협을 가할지 모르는 상황이니, 부모님께 빨리 알리고 함께 대처방안을 마련해야 합니다.

또한 상대에게 더 이상의 연락이나 접근을 하지 말라고 분명하게 전달하세요. 내용증명을 보내는 것도 방법이 될 수 있습니다. 상대가 거부의사를 무시하고 찾아올 경우에는 경찰에 꼭 신고하셔야 합니다. 경찰에 스토킹과 협박 등 피해상황을 구체적으로 알리고 도움을 요청하세요. 고소를 결심한 상황이 아니더라도, 경찰 신고는 상대에게 거부의사를 전달하는 확실한 방법이면서 이후 법적대응을 할 경우에 도움이 됩니다.

■ 동영상이 유포될까 두려워요.

Q. 2년을 만난 애인이 있어요. 애인이 소장하고 싶다고 해서 성관계 동영상을 찍은 적이 있는데, 아무리 생각해도 찜찜해서 지우라고 했었어요. 그때는 애인이 "당연히 지웠으니 걱정 마"라고 했어요. 그런데 지난주에 헤어지자고 하니까 "그 때 찍었던 영상 기억나? 나만 보긴 아깝기도 하고... 나중에 너 보고 싶으면 봐야지"하는 거예요. 순간 너무 소름이 돋았어요. 혹시나 그 동영상을 유포하거나 하진 않겠죠? 너무 두렵고 불안해서 아무 것도 손에 잡히지 않네요.

A. 사진이나 동영상 촬영에 동의했다 하더라도 이를 가지고 협박하거나 유포하는 건 성폭력 범죄에 해당합니다. 혹시나 동영상 촬영을 끝까지 거부하지 못했다는 생각에 힘들어하고 계신다면, 지우겠다는 약속을 지키지 않은 상대에게 책임이 있다는 사실을

꼭 기억하셨으면 좋겠습니다.

상대가 동영상을 빌미로 계속 만나자고 하거나 원치 않는 부당한 요구를 해올 수도 있어요. 그러한 상황에서 상대의 요구를 들어준다고 문제가 해결되지도 않을 뿐더러 더 큰 피해를 입을 수도 있음을 명심하세요. 동영상을 유포하겠다고 협박을 하는 것은 그 자체도 범죄이면서 성폭력을 저지르겠다고 말하는 것입니다. 범죄행위로 인식하고 대응하는 것이 필요합니다.

증거를 모으는 것이 문제를 해결하는데 큰 힘이 될 수 있어요. 상대의 협박사실을 녹음 등의 방법으로 증거로 남기고, 문자나 메일 등으로 영상을 받았다면 잘 저장해두세요. 사진이나 동영상을 보내지 않고 협박만 한다면, 보고 판단하겠다며 보내달라고 하는 방법으로 증거를 확보할 수도 있습니다. 이러한 과정을 혼자서 하기 힘들 수 있어요. 어떤 방식으로 증거를 확보할지, 어떻게 대응할지를 경찰이나 성폭력상담소 등 관련 기관과 함께 논의해서 진행하시기 바랍니다.

■ 헤어지자고 하니 돈을 달래요.

Q. 1년 간 사귀었던 애인한테 가치관이 너무 다른 것 같다고 헤어지
자고 했어요. 그랬더니 그동안 저한테 밥 사주고, 선물 사주는데
들어간 돈이 얼마인 줄 아냐며 그 돈을 다 돌려 달래요. 너무 치
사하고 어이가 없어서 전화도 안 받고 문자에 답도 안했어요. 그
랬더니 1년간 자기가 쓴 돈이 1,366,000원이라고 다시 문자를 보
내더라고요. 받았던 물건은 돌려주겠다고 했더니 물건 말고 다 돈
으로 달래요. 내가 만났던 사람이 이렇게 찌질한 사람이었다니,
속상하고 창피해서 친구들한테 말도 못하겠어요.

A. 우리가 누군가를 만나 사랑할 때, 관계를 잘 만들어 나가는 것
만큼 이별을 잘 하는 것도 매우 중요합니다. 이별을 잘하는 것
은 좋게 헤어지는 것만을 의미하지는 않아요. 다만 함께한 시간
을 정리하는 건 필요하겠죠. 그런데 님의 경우는 애인이 그동안
의 데이트 비용을 계산해 돌려달라는 상황이네요.
누가 겪는다 해도 당황스러운 상황일 겁니다. 상대의 방식이 '찌질
할' 뿐만 아니라 매우 일방적이고, 폭력적이기까지 하고요. 하지만
상대가 그렇다고 해서 내가 거기에 굳이 맞출 필요는 없겠죠. 대신
나는 그 사람과 어떤 방식으로 이별할지 고민해보면 좋겠습니다.
돈을 돌려줄 것인지 말 것인지, 준다면 어떤 기준으로 돈의
액수를 정할지, 어떤 방식으로 자신의 의사를 전달할지도 신중히 고
민해서 결정하셔야 합니다. 상대는 돈을 받는 것 자체가 목적이 아
니라, 이별에 대한 거부나 복수심 등의 감정으로 님을 괴롭히거나
계속 관계를 유지하려는 목적일 수도 있다는 점도 염두에 두세요.

그리고 님 자신도 이번 연애에 대해 돌아보며 성찰하는 시간을 가지는 것이 필요합니다. 앞으로 연애를 할 땐 어떤 모습이고 싶은지, 건강한 연애는 어떤 모습이고 어떻게 만들어 갈 것인지 생각해보세요.

■ 난폭운전도 폭력인가요?

Q. 지난주에 애인과 차타고 가는 길에 잠깐 내려 길에서 다퉜는데, 기분이 상해서 혼자 가겠다고 했더니 데려다 주겠다는 거예요. 이런 기분으로는 같이 갈 수 없어서 싫다고 했더니 얼굴이 **빨개**지면서 갑자기 저를 차에 밀어 넣더라고요. 그러고는 엄청나게 **빠른** 속도로 달리는데 사고날까봐 너무 무서웠어요. 애인 성격이 다혈질이긴 하지만 **때린** 적은 **없고요.** 그 뒤론 애인만 보면 아직도 그 때 생각이 나면서 무서워요. 이런 상황도 데이트폭력이라고 할 수 있나요?

A. 직접적인 신체적 폭력이 있어야지만 데이트폭력이라고 하지는 않아요. 화가 났으면 서로 감정을 가라앉히고, 화난 이유에 대해 차분히 얘기를 하거나 각자 생각할 시간을 가지는 게 필요한데, 말씀해 주신 내용을 보면 그럴 수도 없었던 상황이었던 것 같습니다.

갑자기 차를 태워 난폭운전을 하는 상황에선 누구나 공포를 느낄 거예요. 거기에다 애인의 다혈질 성격을 아니까 더 무서웠을 것 같아요. 혹시나 잘못돼 사고라도 났으면 다른 사람도 함께 피해를 입었을, 굉장히 위험한 상황이었네요.

혹시 그날 이후 애인과 당시 행동에 대해 얘기를 나눠보셨나요? 다행히 사고가 나지는 않았지만, 두려움의 정도로 따지면 님께 공포감을 준 애인의 행동이 신체적 폭력보다 절대 약하다고 볼 수는 없어요. 당시에 느꼈던 두려움을 애인한테 말하고, 다투거나 화가 났을 때 어떻게 화를 진정시킬지, 다시 그런 상황을 만들지 않기 위해 어떤 약속을 할 것인지 함께 얘기해 보실 수 있다면 좋겠네요.

그리고 난폭운전 외에 님이 인식하지 못한 다른 폭력은 없었는지 이번 일을 통해 한번 생각해 보시는 것도 좋겠습니다.

■ 저한테 문제가 있는 걸까요?

Q. 애인이 저와 의견이 엇갈리거나 다툴 때 크게 소리 지르거나 욕을 해서 너무 당황스럽고 상처를 받아요. 그럴 때마다 '네가 날 자꾸 이렇게 만든다'고 하는데 정말 저한테 문제가 있어 애인이 그렇게 화를 내는 건가 싶어 혼란스러워요.

A. 갈등상황에서 애인이 소리를 지르고 욕을 한다니 많이 힘들겠네요. 서로의 감정이나 생각을 표현하는 과정에서 갈등이 생기기 마련이기 때문에, 관계에 있어서 갈등을 어떻게 해결해나가는지가 무척 중요합니다. 갈등의 이유가 무엇이든 소리를 지르고 욕을 한다는 것은 문제를 폭력적으로 해결하는 잘못된 방법입니다. 더군다나 애인이 '네가 날 자꾸 이렇게 만든다'고 하며 자신이 폭력을 행사하는 이유를 님에게 돌리고 있네요. 애인이 상대의 '다름'을 인정하지 않고 자신의 생각을 강요하는 사람인 것 같아서, 언어폭력 이외에도 다른 문제들이 있을지도 모른다는 생각이 들어요.

사랑은 둘이 하나가 되는 게 아니라, 홀로 선 두 사람이 만나는 것입니다. 그렇기에 서로의 차이와 자율성을 존중하며 대화를 통해 이해하고 조율하는 것이 중요하죠. 물리적 폭력만 폭력이 아닙니다. 언어폭력도 상대방의 마음에 깊은 상처를 남깁니다. 폭력은 어떠한 이유로도 정당화될 수 없고, 어떠한 폭력도 허용해선 안 된다는 것을 꼭 유념해 두셨으면 합니다.

■ 다신 안 그러겠다더니...

Q. 어제 애인과 싸우던 중에 뺨을 맞았어요. 너무 화가 나 아픈 것도 모르고 그대로 집에 돌아왔는데, 계속 전화가 오고 잘못했다며, 다신 안 그러겠다며 문자를 보내네요....실은 전에도 한 번 뺨을 맞은 적이 있는데 미안하다고 울면서 빌어서 용서해줬었어요. 그런데도 또 다시 나를 때렸다는 사실이 충격이고 너무 화가 납니다. 평소에는 다정한 사람이라 마음이 더 혼란스러워요.

A. 다시는 폭력을 하지 않겠다고 약속했는데, 또 다시 폭력이 발생했군요. 그렇다면 앞으로도 이런 상황이 계속될 가능성이 높아 보입니다. 싸울 때마다 애인이 폭력을 행사하는 게 습관이 되지 않도록, 더 이상 폭력이 일어나지 않도록 이번에는 애인에게 단호히 대하세요. 폭력은 용서할 수 없다고 말이에요. 각서 등 서면으로 폭행에 대한 분명한 인정과 사과, 약속을 받아두는 것도 방법이 될 수 있습니다. 사랑과 폭력은 공존할 수 없답니다. 사랑이라고 말하지만 폭력을 쓴다면 그것은 사랑도 다른 무엇도 아닌 폭력입니다. 상대방이 '사랑'에 어울리는 말과 행동으로 표현하는지, 그 표현에 일관성이 있는지 생각한다면 그 혼란스러움이 해결될 수 있을 거예요.

Part II.

데이트 폭력

데이트 폭력

1. 데이트폭력이란?

★ "데이트폭력"이란 데이트관계에서 발생하는 언어적·정서적·경제적·성적·신체적 폭력으로, 헤어지자는 연인의 요청을 거절하거나, 이별하더라도 집요하게 스토킹으로 이어지는 것 역시 명백한 데이트폭력입니다. 예를 들어 뺨을 때리고, 손찌검을 하고, 물건을 집어던지거나 구타하고, 데이트상대를 위협하거나 성관계를 강요하는 등의 행위가 데이트폭력에 해당됩니다.

★ "데이트관계"란 좁게는 데이트나 연애를 목적으로 만나고 있거나 만난 적이 있는 관계와 넓게는 맞선·부킹·소개팅·채팅 등을 통해 연인관계로 발전할 수 있는 가능성을 인정하고 만나는 관계까지 포괄하며, 또한 사귀는 것은 아니나 호감을 갖고 있는 상태인 '썸 타는 관계'까지 포함됩니다.

★ 데이트폭력은 아내폭력과 마찬가지로 단 한 번의 폭력으로 끝나지 않고 오랜 기간 폭력에 노출되는 경우가 많습니다. 때리면서도 사랑한다고 말하는 가해자의 반복적 행동은 사랑하기 때문에 때리는 것이고, 집착하는 것이라고 믿게 만듭니다. 그래서 피해자들은 '때리는 거 하나만 빼면 참 괜찮은 사람'이라는 생각을 갖고, 이런 믿음은 폭력으로부터 벗어 나는데 어려움을 주기도 합니다.

★ 우리는 데이트 성폭력이라는 용어가 더 익숙할지도 모릅니다. 그

러나 그 용어는 데이트 관계 내에서도 성폭력이 발생한다는 사실을 드러내는 데는 유용하나, 데이트관계 내의 폭력을 성적인 폭력(sexual violence)으로만 환원하는 즉, '피해'를 성적인 침해의 범주에만 국한하여 보게 만들어 버립니다. 한국여성의전화는 2000년부터 데이트 성폭력이라 이름 붙여왔으나, 2006년부터는 '데이트 폭력'으로 명명하고 있습니다.

★ 실제로 데이트폭력은 우리 주변에서 빈번히 일어나고 있으며, 의식하지 않았을 뿐 우리 스스로도 이미 그 가해자나 피해자일 수 있습니다. 데이트폭력은 피해발생 후에도 관계가 유지되어 폭력이 지속되는 경우가 종종 있기에 다른 폭력사건보다 더욱 심각합니다. 데이트 폭력은 심한 경우 강간, 살인 및 살인미수와 같은 중범죄로 이어지기도 하는 무서운 범죄행위입니다.

2. 데이트폭력의 유형

2-1. 물리적 폭력

★ 재물 손괴, 폭행, 감금, 구타, 데이트 강간이 대표적입니다. 이런 폭력의 강도가 더 심해지면 결국 살인으로까지 발전하기도 합니다. 일명 치정살인. 심지어 당사자 뿐만 아니라 당사자의 가족들까지 살해하는 경우도 있습니다. 따라서 데이트 폭력에 대해서 경각심이 필요하며 국가적인 관심도 필요하다는 지적이 많습니다.

2-2. 비물리적 및 정서적 폭력

★ 폭언, 무시, 통제와 감시, 협박, 자해 등이 포함됩니다. 본인의 동의 없는 성관계 영상 또는 사진의 유포도 여기에 속합니다.

★ 정서적 폭력 역시 상대에게 큰 피해를 주는 것이므로 가볍게 볼 수 없으며, 실제 페미니즘에서도 정서적, 비물리적 폭력에 대해 심각하게 보고 있습니다. 그러므로 남녀 할 것 없이 데이트 폭력뿐만 아니라 다른 상황에서도 비물리적인 정서적, 정서적 폭력으로 큰 타격을 받는 것을 경시해서도 안 됩니다.

2-3. 이별 범죄

★ 이별을 통고 받은 (과거의) 연인이 상대방, 심지어 상대방의 가족이나 새로운 연인에게 폭력을 행사하는 것입니다. 여기에는 물리적 폭력이 아닌 협박이나 지속적으로 상대를 귀찮게 하는 행위도 포함됩니다.

★ 이별 범죄 원인 중 가장 크게 지목되는 것은 상대를 인격체로서 존중하지 않고 자기 뜻대로 하며 곁에 두려는 소유욕과 지배욕, 그 외에 이별에 대한 공포 등도 원인으로 지목됩니다.

★ 해당 범죄의 유형은 한 가지로 고정되어있지 않으며 스토킹, 구타, 감금, 강간, 살인, 염산을 투척하는 행위에 성관계 동영상을 인터넷에 유포하거나 불리한 사실을 가족이나 직장에 알리겠다고 협박하는 행위(또는 실제로 저지르는 행위), 헤어지면 죽겠다고 하거나 실제로 자해하는 행위 등 가지가지다. 가해자는 사랑해서라고 주장하지만 그것은 사랑이 아니며, 사회 통념상 정상적인 표현 방법이 아닐 경우 받아들이기 어려울 뿐만 아니라 범법으로 처벌됩니다.

★ 가해자들의 경우 피해자들과 이별 전에 친밀한 관계를 형성했던 이들이 많은데, 바로 그것 덕분에 피해자의 신상정보에 대해 사전에 숙지하고 있던 케이스가 많아서 이별 후 피해자를 집요하게 괴롭힌다고 합니다.

★ 경찰청 통계에 따르면 이별 범죄 신고 건수는 연간 2만여건, 하루 평균 54건이라고 합니다. 상대방에 대한 집착, 소유욕, 지금까지 들인 정성에 대한 보상심리, 배신감, 거절을 참지 못하는 개인적인 성향, 열등감 등이 원인으로 꼽힙니다. 특히 남성의 경우 여성에게 많은 유무형적 정성을 들일수록 헤어질 때 보상심리와 배신감이 크다고 전문가들이 분석했습니다.

2-4. 데이트폭력은 다음과 같이 구분할 수 있습니다.
- 통제
  · 누구와 함께 있는지 항상 확인한다.
  · 옷차림을 제한한다.
  · 내가 하는 일이 자신의 마음에 들지 않으면 그만두게 한다.
  · 일정을 통제하고 간섭한다.
  · 휴대폰, 이메일, SNS 등을 자주 점검한다.
- 언어적·정서적·경제적 폭력
  · 욕을 하거나 모욕적인 말을 한다.
  · 위협을 느낄 정도로 소리 지른다.
  · 안 좋은 일이 있을 때 "너 때문이야"라는 말을 한다.
  · 나를 괴롭히기 위해 악의에 찬 말을 한다.
  · 내가 형편없는 사람이라고 느낄 정도로 비난한다.
- 신체적 폭력
  · 팔목이나 몸을 힘껏 움켜쥔다.
  · 세게 밀친다.
  · 팔을 비틀거나 머리채를 잡는다.

· 폭행으로 삐거나 살짝 멍/상처가 생긴 적이 있다.

· 뺨을 때린다.

- **성적 폭력**

· 나의 의사에 상관없이 신체부위를 만진다.

· 내가 원하지 않는데 애무를 한다.

· 나의 기분에 상관없이 키스를 한다.

· 내가 원하지 않는데 성관계를 강요한다.

3. 데이트폭력의 특성 및 실태

★ 데이트폭력은 단 한 번의 폭력으로 끝나지 않고 오랜 기간 폭력에 노출되는 경우가 많습니다. 폭력을 행사하면서도, 사랑한다고 말하는 가해자의 언행으로 인해 피해자는 사랑과 폭력을 혼동할 수 있습니다. 또한 관계를 단절하는 과정에서 폭력, 협박, 스토킹의 피해를 겪기도 합니다.

★ 이 때 관계의 특성상 가해자는 피해자의 개인정보, 취약성 등 정보를 과도하게 많이 알고 있으며, 이로 인해 피해자는 심한 공포와 불안을 호소합니다. 그러나 친밀한 관계 내 폭력의 특성상 데이트폭력은 '사랑싸움' 등으로 '사소화'되어 처벌이 제대로 이루어지지 않기도 합니다. 실제 피해자들은 데이트폭력의 원인으로 '가해자에 대한 미약한 처벌'을 꼽았으며 가해자에 대한 법적 조치 강화가 데이트폭력 예방을 위해 필요하다고 이야기하고 있습니다.

4. 데이트 성폭력이란?

데이트 성폭력은 데이트 중 나의 명백한 동의가 없는 상태에서 상대방의 일방적인 강요에 의해 일어나는 성적 침해를 말합니다. 육체적으로 무력하거나(술이나 약물, 잠에 취해 있어서 의사표현을 할 수 없는 상태 등), 강제로 성적 행동을 강요하거나, 나중에 해를 입히겠다고 위협해서 성적 행동을 하거나, 약물이나 술 등을 이용해 성적인 행동에 대한 자기 의사를 표현할 수 없는 상태로 만든 후 성적 행동을 하는 것 등이 데이트 성폭력에 해당됩니다.

■ 상담사례

> *Q.* 애인이 저와 의견이 엇갈리거나 다툴 때 크게 소리를 지르거나 욕을 하는데 당황스럽고 무서워서 그러지 말라고 하면 "네가 날 자꾸 이렇게 만든다"고 합니다. 친구에게 얘기하니 이런 것도 데이트폭력이라고 하는데, 맞나요?
>
> *A.* 물리적 폭력만 폭력이 아닙니다. 언어적·정서적 폭력도 상대방의 마음에 깊은 상처를 남깁니다. 그러니 갈등의 이유가 무엇이든 소리를 지르고 욕을 한다는 것은 문제를 폭력적으로 해결하는 잘못된 방법입니다. 더구나 자신이 폭력을 행사하는 이유를 상대방에게 돌리는 건 서로가 다른 존재임을 인정하지 않고 자기 생각을 강요하는 것이죠. 폭력은 어떠한 이유로도 정당화될 수 없고, 어떠한 폭력도 허용해선 안 된다는 것을 꼭 유념해 두셨으면 합니다.

5. 데이트폭력, 당신의 잘못이 아닙니다.

5-1. 데이트폭력 통념깨기

★ 피해자가 데이트폭력을 당할 만한 짓을 했을 것이다?

- 갈등의 이유가 무엇이든 소리를 지르거나 폭력적으로 해결하는 것은 잘못된 방법입니다. 폭력은 어떠한 이유로도 정당화될 수 없고, 어떠한 폭력도 허용해선 안 됩니다.

- 데이트폭력 가해자는 폭력을 행사할 수밖에 없는 원인을 피해자에게 돌리기 때문에 피해자에게 '나만 잘하면 가해자가, 관계가 달라질 수 있다'고 생각하게끔 만들고 폭력이 지속되게 합니다.

★ 때리지만 않으면 정말 괜찮은 사람이다?

- 가해자는 자신의 폭력을 실수로 포장하거나 폭력 행사 이후 더욱 다정하게 대해 가해자의 폭력이 잘못됐음을 피해자가 인지하지 못하게 합니다. 폭력은 경중, 빈도수를 막론하고 폭력일 뿐입니다.

- 피해자도 좋으니까 계속 만나는 것이다?

데이트폭력을 사소한 문제로 보는 시선, 심리사회적 고립, 일상화된 폭력 등이 적극적 대항을 어렵게 하기 때문입니다. 이것이 친밀한 관계의 폭력이 가진 특징입니다. 헤어진 이후 보복에 대한 두려움으로 인해 이별을 통보하지 못하는 경우도 많습니다. 데이트폭력 피해자는 '좋게 헤어지는 것'이 가능하다고 믿거나 두려움으로 스스로를 자책하면서 관계를 지속하게 되므로 주변의 지지와 도움이 필요합니다.

※ 데이트폭력은 그 유형이 다양하고 개별 법령으로 규제하고 있지 않아서 데이트폭력에 대한 처벌은 데이트폭력의 일환으로 발생하는 스토킹·폭행·협박·성폭력 등에 대한 각각의 관련 법령에 따라

처벌되며, 데이트폭력 피해자는 정부정책 또는 피해유형별로 적용되는 법령에 따라 적절한 보호 및 지원을 받을 수 있습니다.

데이트폭력을 겪고 있다면

1. 상대의 폭력에 단호한 모습을 보이세요.

★ 상대가 용서와 화해를 구하고, 눈물을 보이며 설득하려 해도 흔들리지 마세요. 단 한 번의 폭력도 그냥 지나쳐서는 안 됩니다. 폭력은 어떤 이유로도 용서할 수 없다는 태도를 보이세요.

★ 상대방이 폭력(언어적·정서적·경제적·성적·신체적)을 행사한 날짜와 시간 등 사건일지를 자세히 기록하고, 문자나 메일, 대화 녹음 등 증거도 남겨두세요. 신체적·성적인 폭력이 발생했다면 반드시 112에 신고하고 여성폭력피해자 ONE-STOP지원센터에 도움을 청하세요.

★ 신고하지 못한 경우에도 몸의 상처나 폭력의 흔적을 사진으로 찍어두고 병원에 꼭 다녀오세요(되도록 병원에 피해사실을 알리고 진단서를 끊으세요). 분실의 위험을 대비해 증거물을 안전한 곳(속옷 등의 증거물은 코팅되지 않은 종이봉투)에 별도 보관하는 것이 좋습니다.

★ 의학적인 증거는 48시간 안에 수집이 가능하므로 몸을 씻지 말고 바로 병원으로 가야 합니다.

★ 성병 등의 감염이나 임신을 피하기 위한 조치(응급피임약 72시간 이내 복용)는 반드시 필요합니다.

★ 현재 법적 대응을 고려하지 않았더라도, 지금이 아니면 확보하기 어려운 증거가 있습니다. 증거 자체가 폭력에 대응할 수 힘이 됨을 잊지 마세요.

2. 가족, 동료, 친구 등에게 이야기하세요.

★ 가족, 동료, 친구, 선생님 등 믿을 수 있는 사람에게 이야기하세요. 특히 성폭력상담소 등 도움을 받을 수 있는 전문기관에 상담을 받으세요. 지지자원은 문제를 해결하고 치유하는데 큰 버팀목이 될 수 있습니다.

★ 한편, 주변 사람은 피해자를 믿고 지지하며 문제를 해결해 나갈 수 있도록 적극적으로 도와주세요. 또한 피해자가 안전한 상황인지를 살피고, 안전을 확보할 수 있는 방법을 함께 생각해주세요.

3. 폭력을 행한 상대방과 절대 단 둘이 만나지 마세요.

★ 꼭 만나야만 한다면 안전하고 편안한 시간과 장소를 선택하고, 믿을 만한 사람과 함께 가세요.

4. 반드시 버려야 할 위험천만 생각들

★ 내가 잘하면 상대가 변할 것이다 : 내가 노력하고, 상대방에게 더욱 맞추고, 잘해주면 상대방이 변할 것 같나요? 지금까지 관계 유지를 위해 충분히 하지 않았나요? 이제는 당신이 변할 때가 되었어요. 상대방은 당신과의 관계에서 만큼은 변할 이유도 필요도 못 느끼는 사람임을 알아차려야 한다.

★ 결혼하면 달라질 것이다 : 데이트폭력이 결혼으로 이어지면 '아내폭력'이 된다는 사실을 기억하길.

★ 사랑하니까 : 폭력은 폭력일 뿐. 사랑이 웬말? 사랑과 폭력이 무엇인지를 알아내는 힘을 갖고 당신을 구하길.

Part Ⅲ.

도움요청하기

어디로 도움을 요청해야 하나요?

1. 상담소 및 해바라기센터 찾아가기

1-1. 상담소 및 해바라기센터에서 도움을 받으세요.

스토킹이나 데이트폭력으로 인한 피해가 성폭력 또는 가정폭력 피해와 중복되어야 지원 가능했던, 상담을 비롯한 다양한 지원서비스가 스토킹 또는 데이트폭력 피해만으로도 지원가능하도록 확대되었습니다.

구 분	기 존	변 경
여성긴급전화 1366	O	O
해바라기센터	X	O
성폭력·가정폭력 상담소	O	O
성폭력·가정폭력 피해자 보호시설	X	O

1-2. 상담소의 설치·운영

★ 스토킹이나 데이트폭력으로 인해 어려움을 겪고 있다면 국가 또는 지방자치단체가 설치·운영하고 있는 상담소로 도움을 요청할 수 있습니다.

★ 또한 국가나 지방자치단체 외의 비영리법인·단체 또는 개인이 특별시장·광역시장·특별자치시장·도지사·특별자치도지사 또는 시장·군수·구청장에게 신고하여 설치·운영하고 있는 상담소에서도 필요한 도움을 받을 수 있습니다.

1-3. 상담소의 업무

★ 상담소에서는 스토킹이나 데이트폭력으로 인해 겪는 일상의 어려움 등에 대한 상담은 물론 의료비 지원, 법률상담 및 전문심리상담 연계 등 필요한 지원을 받을 수 있습니다.
- 피해 신고접수 및 관련 상담
- 피해로 인해 정상적인 가정생활과 사회생활이 어렵거나 그 밖의 사정으로 긴급히 보호할 필요가 있는 피해자 등의 임시보호 또는 의료기관·보호시설로의 인도
- 행위자에 대한 고소와 피해배상청구 등 법률적 사항에 관한 자문을 위해 대한법률구조공단 등 관계 기관에 필요한 협조 및 지원 요청
- 피해 예방 및 방지를 위한 교육 및 홍보
- 그 밖에 관련 조사·연구 등

1-4. 도움을 요청할 수 있는 상담소 및 해바라기센터

★ 해바라기센터

"해바라기센터"란 성폭력 피해상담·치료·수사지원 및 그 밖에 피해구제를 위한 지원업무를 종합적으로 수행하기 위한 성폭력피해자통합지원센터로, ① 국가나 지방자치단체가 설치·운영하는 여성정책 관련 기관, ② 종합병원, ③ 지방의료원 또는 ④ 그 밖에 성폭력방지 및 피해자 보호를 주된 업무로 하는 비영리법인 또는 단체에 설치·운영하고 있습니다.

★ 전국 39개 센터가 기능에 따라 통합형·위기지원형·아동형으로 구분되어 운영 중이며, 365일 24시간 상담 및 신고가 가능합니다.

※ 각 지역 해바라기센터의 주소·연락처·홈페이지 및 각 센터의 기능 (통합형/위기지원형/아동형)에 대한 상세정보는 <한국여성인권진흥원 홈페이지-네트워크-현장네트워크-지원기관 목록보기>에서 확인할 수 있습니다.

★ 각 지역의 성폭력·가정폭력 상담소

구 분	내 용
한국여성의 전화	· 상담시간: 평일 10시~17시 · 방문상담 시 사전예약 필요 · 전국상담소안내(www.hotline.or.kr/counsel_info)
YWCA 성폭력· 가정폭력상담소	· 전화상담 및 온라인상담 가능 · 방문상담의 경우 상담소별로 다르므로 확인 필요 · 전국상담소안내 (www.ywca.or.kr/localywca/social_service)
남성의 전화 (서울가정폭력 상담센터)	· 상담시간: 평일 10시~17시(금요일 오후 18시~20시 야간상담 가능) · 방문상담 시 사전예약 필요 · 상담 관련 안내(www.manhotline.or.kr)
한사회장애인 성폭력상담센터	· 상담시간: 평일 10시~17시 · 방문상담 시 사전예약 필요 · 상담 관련 안내(www.kswpc.or.kr)

※ 각 지역에 위치한 성폭력·가정폭력 상담소의 주소 및 연락처는 <여성가족부 시설찾기 홈페이지>에서 확인할 수 있습니다.

※ 지원 가능한 대상·범위·내용 및 방법은 상담소마다 다를 수 있으니, 방문하려는 상담소로 사전에 문의하여 확인하시기 바랍니다.

1-5. 디지털 성범죄 특화상담소

★ 불법촬영물 등으로 어려움을 겪고 있다면 디지털 성범죄 특화상담소에서 전문적인 상담을 받을 수 있는 것은 물론, 디지털성범죄피해자지원센터(https://d4u.stop.or.kr)와 연계하여 불법 촬영물 삭제와 피해자 수사·법률·의료 등의 사후지원 및 치유회복 프로그램 등 필요한 지원을 받을 수 있습니다.

★ 디지털 성범죄의 뜻

카메라 등 디지털 기기를 이용해 상대방의 동의 없이 신체 일부나 성적인 장면을 불법 촬영하거나, 불법촬영물 등을 유포·유포협박·저장·전시 또는 유통·소비하는 행위 및 사이버 공간에서 타인의 성적 자율권과 인격권을 침해하는 행위를 모두 포괄하는 성범죄를 의미합니다. 디지털 성범죄는 '사이버 성범죄', '온라인 성폭력' 및 '디지털 성폭력'과 혼용되어 사용되기도 하고, 특정 행위를 일컫는 '불법촬영', '리벤지 포르노' 등과 혼용되어 사용되고 있습니다. 한편 디지털 성범죄는 '데이트 폭력', '스토킹' 등 오프라인 공간에서 발생하는 성적 폭력과 연속선상에 있기도 합니다.

전화 및 온라인 상담도 가능합니다.

1. 전화상담

★ 스토킹이나 데이트폭력으로 상담이 필요한 경우 상담소에 직접 방문해도 되지만 긴급한 구조·보호 또는 상담이 필요한 경우 언제라도 전화를 통해 상담을 받을 수 있도록 여성가족부는 긴급전화센터인 "여성긴급전화 1366"을 운영하고 있습니다.

★ "여성긴급전화 1366"은 365일 24시간 운영되고 있으며, 주요 업무는 다음과 같습니다.
  - 피해자의 신고접수 및 상담
  - 관련 기관·시설과의 연계
  - 피해자에 대한 긴급한 구조의 지원
  - 경찰관서 등으로부터 인도받은 피해자 및 피해자가 동반한 가정구성원의 임시보호

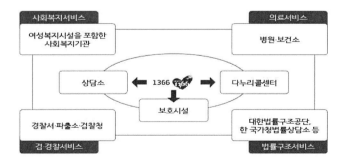

2. 온라인 상담

★ "여성긴급전화 1366", 해바라기센터 및 성폭력 상담소 등은 모바일 환경변화에 발맞춰 언제 어디서나 이용 가능한 온라인 상담 서비스를 제공하고 있습니다.

예시) 1366 여성폭력 사이버 상담

구 분	내 용
1:1 채팅상담	전문상담원과 1:1로 채팅을 통해 상담
게시판 상담	게시판에 고민이나 궁금한 점, 피해 사례 등을 글로 남기면 전문상담원이 댓글이나 이메일로 답변
Ch	카카오톡에서 '여성폭력 사이버 상담(woman1366)' 친구추가 후 상담원과 1:1로 실시간 채팅을 통해 상담

■ 상담사례

> **Q.** 데이트폭력을 당하고 있는데 제가 워낙 소심해서 주변에 말도 못 하고 속으로 끙끙 앓고 있습니다. 상담을 받고 싶은데, 이런 경우 도움받을 수 있는 곳이 있을까요?
>
> **A.** 스토킹이나 데이트폭력도 여성긴급전화 1366, 해바라기센터 및 각 지역의 성폭력·가정폭력 상담소 등을 통해 다양한 지원서비스를 받을 수 있습니다.
>
> ◇ 도움을 요청할 수 있는 상담소 및 해바라기센터
> - 여성긴급전화 1366(☎ 1366 또는 ☎ 지역번호+1366)
>   · 긴급한 구조·보호 또는 상담이 필요한 경우 365일 24시간 언제라도 전화를 통해 상담받을 수 있는 긴급전화센터입니다.

- 해바라기센터(한국여성인권진흥원 홈페이지: www.stop.or.kr)
  · 성폭력 피해상담·치료·수사지원 및 그 밖에 피해구제를 위한 지원업무를 종합적으로 수행하기 위한 성폭력피해자통합지원센터로, 통합형·위기지원형·아동형으로 구분되어 운영 중이며, 365일 24시간 상담 및 신고가 가능합니다.
- 각 지역의 성폭력·가정폭력 상담소(여성가족부 시설찾기 홈페이지: http://www.mogef.go.kr)
- 온라인 상담(여성폭력 사이버 상담 홈페이지: (https://women1366.kr)
  · "여성긴급전화 1366"과 해바라기센터를 비롯한 각 지역의 상담소는 언제 어디서나 이용 가능한 온라인 상담 서비스를 제공하고 있습니다.

신고하기

1. 긴급신고는 112

1-1. 전화신고

★ 긴급한 상황이라면 112로 신고하세요. 경찰은 스토킹과 데이트폭
력에 적극 대응하기 위해 112 신고시스템상 "스토킹코드"를 별
도로 부여하여 관리하고, 스토킹·데이트폭력 관련 위험성이 크거
나 피해자가 요청하는 경우 피해자와의 핫라인(hot-line)을 구축
하는 등 맞춤형 신변보호조치를 제공하고 있습니다.

★ 또한 국가수사본부장, 시·도경찰청장 및 경찰서장은 스토킹범죄 전
담 사법경찰관을 지정해서 특별한 사정이 없으면 스토킹범죄 전담
사법경찰관이 피해자를 조사하도록 하고 있습니다.

1-2. 문자 및 애플리케이션 신고

★ 위급한 상황에서 목소리를 내기 어려울 땐 문자로도 신고할 수
있으며, "112 긴급신고"나 "스마트국민제보" 애플리케이션을 통
해서도 신고할 수 있습니다.

2. 범죄피해자 안전조치(신변안전조치) 신청

★ 「스토킹범죄의 처벌 등에 관한 법률」은 피해자의 신변안전조치에
대해 규정하고 있지 않습니다. 다만, 스토킹이나 데이트폭력의
피해자는 다음과 같이 개별 사건의 성격에 따라 관련 법령에서

규정하고 있는 신변안전조치를 신청할 수 있습니다.

구 분		내 용
「범죄피해자 보호법」 제9조	사생활의 평온과 신변의 보호 등	스토킹범죄 피해자인 경우
「성폭력범죄의 처벌 등에 관한 특례법」 제23조	신변안전조치 등	성폭력이 수반된 경우
「가정폭력범죄의 처벌 등에 관한 특례법」 제55조의2	피해자보호명령 등	가정폭력이 수반된 경우

2-1. 신변안전조치의 대상 및 유형

★ 검사 또는 경찰서장은 피의자의 범죄수법, 범행 동기, 피해자와의 관계, 언동 및 그 밖의 상황으로 보아 피해자가 피의자 또는 그 밖의 사람으로부터 생명·신체에 위해를 입거나 입을 염려가 있다고 인정되는 경우에는 직권 또는 법원이나 피해자의 요청에 따라 다음의 어느 하나에 해당하는 신변보호에 필요한 조치를 취해야 합니다.
  - 피해자 보호시설 등 특정시설에서의 보호
  - 신변경호 및 수사기관 또는 법원 출석·귀가 시 동행
  - 임시숙소 제공
  - 주거지 순찰 강화, CCTV 설치 등 주거에 대한 보호
  - 그 밖에 비상연락망 구축 등 신변안전에 필요하다고 인정되는 조치
★ 신변안전조치 요청을 받은 경찰서장은 특별한 사유가 없으면 이에 따라야 합니다.

2-2. 신변안전조치 신청 방법

★ 신변안전조치를 신청하려면 "범죄피해자 안전조치 신청서"(전자
  문서 포함)를 작성해서 제출해야 합니다.

  - 경찰서에 이미 사건을 접수해서 수사가 진행 중인 경우: 사건
    담당자에게 신청

  - 진행 중인 사건 없이 바로 신청하는 경우: 현재지 또는 주거지
    관할 경찰서에 신청하되, 긴급한 경우에는 가까운 지구대·파출
    소 또는 경찰서 민원실에서 신청

★ 다만, 긴급을 요하는 경우에는 구두 또는 전화로 하되, 사후에
  지체 없이 관련 서류를 제출해야 합니다.

※ "범죄피해자 안전조치 심사위원회"란 신변안전조치 결정 등에 대
  한 심의를 위해 각 시·도 경찰청과 경찰서에 둔 것으로, ① 신변
  안전조치 소관 기능 판단에 다툼이 있는 경우나 ② 신변안전조치
  이행에 타 기능의 협조가 이루어지지 않는 경우 또는 ③ 신변안
  전조치 결정에 보완이 필요한 경우에 대해 심사합니다.

※ 경찰은 "신변보호조치"를 "범죄피해자 안전조치"로 개편해서 위험도
  에 따라 대처하도록 한 데 이어, 스토킹 가해자가 석방되면 즉시 범
  죄피해자 안전조치 심사위원회를 열어 선제적 대응이 가능하게 하는
  한편, 피해자도 대비할 수 있도록 "석방 사실 피해자 통지제도"를

활성화하는 등의 신변안전조치 시스템 개선안을 마련했습니다.

2-3. 신고할 때, 증거수집이 중요합니다!

★ 사건일지

상대방이 폭력(언어적·정서적·성적·신체적)을 행사한 날짜, 시간, 장소, 가해자의 행동, 상황 및 구체적인 피해내용을 육하원칙에 따라 자세히 기록해 두세요.

★ 폭력, 협박의 증거물

폭력의 흔적(상처, 부서진 물건 등)을 찍은 사진·동영상·문자나 메일·통화 및 대화 녹음·연락 기록 등을 저장해 두세요. CCTV 영상은 삭제될 수 있으니 빠른 시일 내에 확보하는 게 필요합니다. 주변인에게 폭력피해를 호소한 기록도 증거로 사용될 수 있어요.

★ 병원 진단서

몸에 상처를 입었다면 상처가 크게 보이게 한 장, 상처와 얼굴이 함께 나오도록 한 장 사진을 찍어두고, 병원에 가서 스토킹 또는 데이트폭력으로 생긴 상처임을 반드시 밝히고 필요시 (상해)진단서를 발급받을 수 있도록 진료기록이 남도록 하는 게 중요합니다. 상해 진료기록 작성 또는 상해진단서 발급에 협조적이지 않다면 다른 병원을 찾아가는 걸 추천해요.

★ (경찰)신고 및 상담 기록

경찰 신고기록과 상담소 상담기록은 피해를 입증하는 증거자료로 활용될 수 있습니다.

신고하면 어떤 조치가 취해지나요?

1. 스토킹 신고에 대한 조치

※ 긴급한 상황에 처했을 때 전화·문자·애플리케이션으로 112에 신
고하면 경찰이 상황에 따라 응급조치, 긴급응급조치 또는 잠정조
치를 적용하여 스토킹행위자로부터 피해자를 보호합니다.

구분	응급조치	긴급응급조치	잠정조치
성격	신고 시 현장에 나가 즉시 취하는 조치	신고 시 스토킹범죄로 발전할 우려가 있고 예방을 위해 긴급한 경우(사후승인)	스토킹범죄 재범 우려가 있는 경우
유형	·스토킹행위 제지·중단 통보·처벌 경고 ·스토킹행위자와 피해자등의 분리·수사 ·긴급응급조치·잠정조치 안내 ·상담소·보호시설로 인도	·100m 이내 접근금지 ·전기통신을 이용한 접근금지	·서면경고 ·100m 이내 접근금지 ·전기통신을 이용한 접근금지 ·유치장 또는 구치소 유치

2. 응급조치

2-1. 신고 시 현장 초동조치

★ 사법경찰관리는 진행 중인 스토킹행위에 대해 신고를 받으면 즉
시 현장에 나가 다음의 조치를 해야 합니다.

★ 스토킹행위자에 대한 조치

- 스토킹행위 제지, 향후 스토킹행위의 중단 통보 및 스토킹행위를 지속적 또는 반복적으로 할 경우 처벌 경고
- 스토킹행위자와 피해자 및 스토킹행위의 상대방(이하 "피해자등"이라 한다)의 분리 및 범죄수사
★ 피해자등에 대한 조치
  - 긴급응급조치 및 잠정조치 요청절차 등 안내
  - 스토킹 피해 관련 상담소 또는 보호시설로 인도(피해자등이 동의한 경우만 해당)

3. 긴급응급조치(사후승인)

3-1. 범죄예방을 위한 긴급조치

★ 사법경찰관은 스토킹행위 신고와 관련해서 스토킹행위가 지속적 또는 반복적으로 행해질 우려가 있고 스토킹범죄의 예방을 위해 긴급을 요하는 경우, 스토킹행위자에게 직권으로 또는 스토킹행위의 상대방이나 그 법정대리인 또는 스토킹행위를 신고한 사람의 요청에 의해 다음의 조치를 최대 1개월까지 취할 수 있습니다.
  - 스토킹행위의 상대방이나 스토킹행위 상대방의 주거·직장·학교, 그밖에 일상적으로 생활하는 장소(이하 "주거등"이라 함)로부터 100m이내의 접근금지
  - 스토킹행위의 상대방에 대한 전기통신을 이용한 접근금지
★ 사법경찰관은 긴급응급조치를 취하는 경우 스토킹행위의 상대방이나 그 법정대리인에게 이 사실을 통지해야 합니다.
★ 긴급응급조치는 다음의 어느 하나에 해당하는 때에 그 효력이 상실됩니다.

- 긴급응급조치에서 정한 기간이 지난 때
- 법원이 긴급응급조치 대상자에 대해 ① 스토킹행위의 상대방이
  나 그 주거등에 대한 잠정조치 제2호(100m 이내의 접근금지)
  를 결정하거나, ② 스토킹행위의 상대방에 대한 잠정조치 제3
  호(전기통신을 이용한 접근금지)을 결정한 때

3-2. 긴급응급조치 승인 절차

★ 사법경찰관은 긴급응급조치를 취한 경우 그 즉시 ① 스토킹행위
  의 요지, ② 긴급응급조치가 필요한 사유, ③ 긴급응급조치의 내
  용 등이 포함된 "긴급응급조치결정서"를 작성해서 지체 없이 검
  사에게 해당 긴급응급조치에 대한 사후승인을 지방법원 판사에게
  청구해 줄 것을 신청해야 합니다.

★ 긴급응급조치에 대한 사후승인 신청을 받은 검사는 긴급응급조치
  가 있었던 때부터 48시간 이내에 지방법원 판사에게 긴급응급조
  치에 대한 사후승인을 청구하고, 이에 대해 지방법원 판사는 스토
  킹행위가 지속적 또는 반복적으로 행해지는 것을 예방하기 위해
  필요하다고 인정하는 경우 긴급응급조치를 승인할 수 있습니다.

★ 만약 검사가 긴급응급조치에 대한 사후승인을 지방법원 판사에게
  청구하지 않거나, 지방법원 판사가 검사의 사후승인 청구를 승인
  하지 않는 경우, 사법경찰관은 즉시 해당 긴급응급조치를 취소해
  야 합니다.

3-3. 긴급응급조치의 변경·취소

★ 스토킹행위의 상대방이나 그 법정대리인은 100미터 이내의 접근을
  금지하는 긴급응급조치가 취해진 이후에 주거등을 옮긴 경우 사법경
  찰관에게 긴급응급조치의 변경을 신청할 수 있으며, 긴급응급조치가
  필요하지 않은 경우에는 긴급응급조치의 취소를 신청할 수 있습니다.

★ 사법경찰관은 정당한 이유가 있다고 인정하는 경우에는 직권으로
  또는 스토킹행위의 상대방 등의 신청에 의하여 해당 긴급응급조
  치를 취소할 수 있으며, 긴급응급조치의 종류 변경은 지방법원
  판사의 승인을 받아서 할 수 있습니다.

3-4. 위반 시 제재

★ 정당한 사유 없이 긴급응급조치를 이행하지 않은 사람에게는 1천
  만원 이하의 과태료가 부과됩니다.

  - 검사가 긴급응급조치에 대한 사후승인을 지방법원 판사에게 청
    구하지 않거나, 지방법원 판사가 검사의 사후승인 청구를 승인
    하지 않아서 긴급응급조치가 취소된 경우는 제외

★ 최근 3년간 동일한 위반행위로 과태료 부과처분을 받은 경우 그
  횟수에 따라 과태료가 가중되어 부과됩니다.

구 분	과태료 가중 부과기준		
	1차 위반	2차 위반	3차 이상 위반
정당한 사유 없이 긴급응급조치를 이행하지 않은 경우	300만원	700만원	1,000만원

4. 잠정조치(사전승인)

4-1. 재범 예방을 위한 잠정조치

★ 스토킹범죄가 재발될 우려가 있는 경우 검사는 직권 또는 사법경찰관의 신청에 따라 법원에 잠정조치를 청구할 수 있으며, 이에 대해 법원은 스토킹범죄의 원활한 조사·심리 또는 피해자 보호를 위해 필요하다고 인정하는 경우 결정으로 스토킹행위자에게 다음의 어느 하나에 해당하는 잠정조치를 할 수 있고, 각 잠정조치를 병과하는 것도 가능합니다.

구 분		잠정조치 기간
제1호	피해자에 대한 스토킹범죄 중단에 관한 서면 경고	-
제2호	피해자나 그 주거등으로부터 100m 이내의 접근금지	2개월 이내 ※피해자 보호를 위해 최대 6개월까지 연장 가능
제3호	피해자에 대한 전기통신을 이용한 접근금지	
제4호	국가경찰관서의 유치장 또는 구치소 유치	1개월 이내

★ 피해자 또는 그 법정대리인은 검사 또는 사법경찰관에게 잠정조치의 청구 또는 그 신청을 요청하거나, 이에 관한 의견을 진술할 수 있습니다.

4-2. 잠정조치의 통지·집행

★ 잠정조치를 취하기로 결정한 경우 법원은 검사와 피해자 및 그 법정대리인에게 그 사실을 통지해야 합니다.

★ 법원은 법원공무원, 사법경찰관리 또는 구치소 소속 교정직공무원

으로 하여금 잠정조치를 집행하게 할 수 있습니다.

★ 잠정조치(잠정조치기간을 연장하거나 그 종류를 변경하는 경우 포함)는 스토킹행위자에 대해 ① 검사가 불기소처분을 한 때 또는 ② 사법경찰관이 불송치결정을 한 때에 그 효력을 상실합니다.

4-3. 잠정조치의 변경·취소

★ 피해자 또는 그 법정대리인은 피해자나 그 주거등으로부처 100m 이내의 접근금지 결정이 있은 후에 피해자가 주거등을 옮긴 경우 법원에 잠정조치 결정의 변경을 신청할 수 있습니다.

★ 검사는 수사 또는 공판과정에서 잠정조치가 계속 필요하다고 인정하는 경우 법원에 해당 잠정조치 기간의 연장 또는 그 종류의 변경을 청구할 수 있고, 잠정조치가 필요하지 않다고 인정하는 경우에는 법원에 해당 잠정조치의 취소를 청구할 수 있습니다.

★ 법원은 정당한 이유가 있다고 인정하는 경우에는 직권, 스토킹행위자나 그 법정대리인의 신청 또는 검사의 청구에 의해 결정으로 해당 잠정조치의 취소, 기간 연장 또는 그 종류의 변경을 할 수 있습니다.

4-4. 위반 시 제재

★ 위의 잠정조치 제2호 또는 제3호를 이행하지 않은 사람은 2년 이하의 징역 또는 2천만원 이하의 벌금에 처해집니다.

■ 상담사례

> **Q.** 데이트폭력 등 「스토킹범죄의 처벌 등에 관한 법률」이 적용되지 않는 경우에는 접근금지를 신청할 수 없나요?
>
> **A.** 그렇지 않습니다. 「스토킹범죄의 처벌 등에 관한 법률」이 적용되지 않는 경우에는 「민사집행법」 제300조에 따라 당사자가 급박한 위험을 막기 위해 법원에 직접 접근금지가처분을 신청할 수 있습니다. 또한 가정폭력에 의한 피해로부터 벗어나기 위해 검사 또는 사법경찰관에게 접근금지의 청구 또는 그 신청을 요청할 수 있고, 이혼소송 진행 중 필요한 경우 법원에 접근금지 처분을 신청할 수 있습니다.

■ 상담사례

> **Q.** 스토킹을 신고하면 어떤 조치가 취해지나요?
>
> **A.** 긴급한 상황에 처했을 때 전화·문자·애플리케이션으로 112에 신고하면 경찰이 상황에 따라 응급조치, 긴급응급조치 또는 잠정조치를 적용하여 스토킹행위자로부터 피해자를 보호합니다.
>
> ◇ 피해자 보호조치 유형 및 내용
>
> | 응급조치 | 긴급응급조치 | 잠정조치 |
> |---|---|---|
> | ·스토킹행위 제지·중단 통보·처벌 경고
·스토킹행위자와 피해 | ·100m 이내 접근금지
·전기통신을 이용한 | ·서면경고
·100m 이내 접근금지
·전기통신을 이용한 접근 |

자등의 분리·범죄수사 ·긴급응급조치·잠정조치 안내 ·상담소·보호시설로 인도	접근금지	금지 ·유치장 또는 구치소 유치

◇ 응급조치

☞ 경찰은 진행 중인 스토킹행위에 대해 신고를 받으면 즉시 현장에 나가 응급조치를 취해야 합니다.

◇ 긴급응급조치

스토킹행위 신고를 받았을 때 스토킹행위가 지속적 또는 반복적으로 행해질 우려가 있고 스토킹범죄의 예방을 위해 긴급을 요하는 경우, 경찰은 스토킹행위자에게 직권으로 또는 스토킹피해자나 그 법정대리인 또는 스토킹행위를 신고한 사람의 요청에 의해 긴급응급조치를 취할 수 있습니다.

◇ 잠정조치

스토킹범죄가 재발될 우려가 있는 경우 검사는 직권 또는 사법경찰관의 신청에 따라 법원에 잠정조치를 청구할 수 있으며, 이에 대해 법원은 스토킹범죄의 원활한 조사·심리 또는 피해자 보호를 위해 필요하다고 인정하는 경우 결정으로 위 잠정조치의 내용 중 어느 하나에 해당하는 조치를 할 수 있고, 각 조치를 병과하는 것도 가능합니다.

스토킹 가해자로 신고를 당했다면?!

1. 스토킹행위자에 대한 조치 및 권리에 대한 통지

1-1. 긴급응급조치

★ 사법경찰관은 긴급응급조치를 취하는 경우 긴급응급조치의 대상자인 스토킹 행위자에게 조치의 내용 및 불복방법 등을 고지해야 합니다.

1-2. 잠정조치

★ 법원은 잠정조치 제4호(유치장 또는 구치소 유치)를 적용하기로 결정한 경우 스토킹행위자에게 변호인을 선임할 수 있다는 것과 항고할 수 있다는 것을 고지하고, 다음의 사람에게 해당 잠정조치를 적용하기로 한 사실을 통지해야 합니다.

  - 스토킹행위자에게 변호인이 있는 경우 : 변호인
  - 스토킹행위자에게 변호인이 없는 경우 : 법정대리인 또는 스토킹 행위자가 지정하는 사람

★ 잠정조치 결정을 집행하는 사람은 스토킹행위자에게 잠정조치의 내용, 불복방법 등을 고지해야 합니다.

2. 조치의 변경·취소

2-1. 긴급응급조치

★ 긴급응급조치 대상자인 스토킹행위자나 그 법정대리인은 긴급응급조치의 취소 또는 그 종류의 변경을 사법경찰관에게 신청할 수 있습니다.

★ 긴급응급조치 변경·취소신청을 받은 사법경찰관은 정당한 이유가 있다고 인정하는 경우 직권으로 또는 긴급응급조치 대상자 등의 신청에 의해 해당 긴급응급조치를 취소할 수 있으며, 긴급응급조치의 종류 변경은 지방법원 판사의 승인을 받아서 할 수 있습니다.

2-2. 잠정조치

★ 스토킹행위자나 그 법정대리인은 잠정조치 결정의 취소 또는 그 종류의 변경을 법원에 신청할 수 있습니다.

★ 법원은 정당한 이유가 있다고 인정하는 경우 직권 또는 스토킹행위자나 그 법정대리인의 신청, 검사의 청구에 의해 결정으로 해당 잠정조치를 취소하거나 그 종류를 변경할 수 있습니다.

3. 항고 및 재항고

3-1. 항고·재항고 이유

★ 검사, 스토킹행위자 또는 그 법정대리인은 긴급응급조치 또는 잠정조치에 대한 결정이 다음의 어느 하나에 해당하는 경우 그 결정을 고지받은 날부터 7일 이내에 항고할 수 있습니다.

- 해당 결정에 영향을 미친 법령의 위반이 있거나 중대한 사실의 오인이 있는 경우

- 해당 결정이 현저히 부당한 경우

★ 재항고는 항고의 기각 결정이 법령에 위반된 경우에만 그 결정을 고지받은 날부터 7일 이내에 대법원에 신청할 수 있습니다.

★ 항고와 재항고는 잠정조치 결정의 집행을 정지하는 효력이 없습니다.

3-2. 신청 및 결정

★ 항고(재항고)하는 경우에는 항고장(재항고장)을 원심법원(항고법원)에 제출해야 하며, 항고장(재항고장)을 받은 법원은 3일 이내에 의견서를 첨부하여 기록을 항고법원(대법원)에 보내야 합니다.

★ 항고·재항고의 결정
  - 항고법원(대법원)은 항고(재항고)의 절차가 법률에 위반되거나 항고에 이유 없다고 인정하는 경우에는 결정으로 항고(재항고)를 기각해야 합니다.
  - 항고법원(대법원)은 항고(재항고)가 이유 있다고 인정하는 경우에는 원결정(原決定)을 취소하고 사건을 원심법원(항고법원)에 환송하거나 다른 관할법원에 이송해야 합니다. 다만, 환송 또는 이송하기에 급박하거나 그 밖에 필요하다고 인정할 때에는 원결정을 파기하고 스스로 적절한 잠정조치 결정을 할 수 있습니다.

※ "항고"란 법원의 결정에 대한 불복신청을 말하며, 원칙적으로 항고법원의 결정에 대해서는 항고할 수 없지만, 재판에 영향을 미친 헌법·법률·명령 또는 규칙의 위반이 있음을 이유로 하는 경우에 한해서 대법원에 "재항고(즉시항고)"할 수 있습니다.

Q. 스토킹 가해자로 신고를 당했는데 억울합니다. 어떻게 해야 하는지 알려주세요.

A. 긴급응급조치 또는 잠정조치의 대상이 된 당사자나 그 법정대리인은 긴급응급조치의 경우 사법경찰관에게, 잠정조치의 경우 법원에 변경·취소를 신청할 수 있으며, 만약 해당 긴급응급조치 또는 잠정조치가 현저히 부당한 경우 등 특정 사유에 해당하는 경우에는 항고·재항고할 수 있습니다.

◇ 적용된 조치의 변경·취소

- 긴급응급조치의 대상이 된 당사자나 그 법정대리인은 사법경찰관에게 해당 조치의 변경 또는 취소를 신청할 수 있으며, 경찰은 정당한 이유가 있다고 인정하는 경우 직권으로 또는 긴급응급조치 대상자 등의 신청에 의하여 해당 조치를 취소할 수 있고, 변경은 지방법원 판사의 승인을 받아서 할 수 있습니다.
- 잠정조치의 대상이 된 당사자나 그 법정대리인은 법원에 해당 조치의 변경 또는 취소를 신청할 수 있으며, 법원은 정당한 이유가 있다고 인정하는 경우 직권 또는 당사자나 그 법정대리인의 신청에 의해 결정으로 변경·취소할 수 있습니다.

◇ 항고·재항고

- 검사, 조치의 대상이 된 당사자 또는 그 법정대리인은 긴급응급조치 또는 잠정조치에 대한 결정이 다음의 어느 하나에 해

당하는 경우 그 결정에 대해 항고할 수 있고, 항고 기각 결정이 법령에 위반된 경우에는 대법원에 재항고 할 수 있습니다.

· 해당 결정에 영향을 미친 법령의 위반이 있거나 중대한 사실의 오인이 있는 경우

· 해당 결정이 현저히 부당한 경우

- 항고(재항고)는 잠정조치 결정의 집행을 정지하는 효력이 없습니다.

Part Ⅳ.

피해자 보호·지원받기

피해유형별 보호·지원제도

■ 법률·의료·주거 지원 및 보호

※ 스토킹·데이트폭력 피해자는 정책에 따라 성폭력·가정폭력 피해자에 준하여 법률·의료·주거 지원 및 상담치료 등의 보호 및 지원을 받을 수 있습니다. 그 밖에도 성폭력이 수반된 스토킹·데이트폭력의 경우나 가정폭력이 수반된 스토킹 등 피해유형별로 적용되는 법령에 따라 추가적인 보호·지원을 받을 수 있습니다.

1. 법률지원

1-1. 무료법률지원

★ 국가와 지방자치단체는 성폭력·가정폭력·스토킹 및 데이트폭력 피해자에게 무료로 법률지원을 함으로써 폭력으로부터 스스로 방어·보호능력이 부족한 피해자의 기본적 인권을 보호하고 있습니다.
   - 법률상담: 무료 법률상담 지원
   - 민사·가사 소송대리: 법률상담 및 법률구조 지원 결정 시 변호사에 의해 소송대리 지원
   - 형사소송 지원: 법률상담, 피해자 변호, 수사의뢰, 수사기관 사건 조사 동행 및 고소대리 등 지원
★ 구조대상 및 구조비 지원기준
[구조대상] 성폭력·가정폭력·스토킹 및 데이트폭력 피해자(외국인 등록여부와 상관없이 국내거주 외국여성 포함)

[입증자료] ① 상담소 및 보호시설에서 발급한 확인서, ② 진단서, ③ 고소장 사본 및 고소장 접수증 등 구비 가능한 자료 중 1개 이상 제시

[보조사업자 및 지원기준] 1인당 구조비용액이 총 500만원 초과 시 여성가족부, 시설관계자, 법률전문가 등으로 구성된 심사위원회에서 추가 지급여부 결정

구 분	보조사업자	구조비 지원기준
성폭력	· 대한법률구조공단 · 대한변협법률구조재단 · (사)한국성폭력위기센터	· 변호사 수임료는 심급별로 지원하되, 본안사건은 120만원, 재정 및 항고신청 등은 40만원 지원 · 소송비용은 50만원 한도에서 지원
가정폭력	· 대한법률구조공단 · 대한변협법률구조재단 · 한국가정법률상담소	· 변호사 수임료, 소송비용 등을 포함해서 심급당 사건 120만원 이내 지원
스토킹·데이트폭력	· 대한법률구조공단 · 대한변협법률구조재단 · 한국가정법률상담소 · (사)한국성폭력위기센터	· 변호사 수임료, 소송비용 등을 포함해서 심급당 사건 120만원 이내 지원

1-2. "법률홈닥터"제도

★ 법률적인 도움이 필요하지만 도움을 받기 어려운 서민을 대상으로, 생활법률 전반에 관한 법률문제 상담 및 법률문서 작성 도움 등 기초적인 법률서비스를 받을 수 있습니다. 다만, 소송 수행 및 법률문서 직접 작성은 업무범위에서 제외되며 법률구조공단으로 연계됩니다.

★ 법률홈닥터가 있는 가까운 기관으로 전화 문의하거나, 전화 또는 온라인으로 방문예약 후 방문하면 됩니다.

2. 의료지원

2-1. 의료비 지원

★ 스토킹이나 데이트폭력 피해자에 대해서도 신체적·정신적 치료, 피해자의 후유증 최소화 등 피해자에 대한 보호·지원을 위해 의료비를 지원하고 있으며, 세부적인 지원사항은 가정폭력(이주여성 포함)·성폭력 피해자 지원 지침을 준용하고 있습니다.

★ 지원 범위 및 기준

[지원범위]

- 의료상담·지도
- 신체적·정신적 치료 및 간병비
- 성매개감염 질병검사 및 예방치료
- 성폭력으로 인한 임신평가와 관리·낙태·출산
- 임산부 및 태아의 보호를 위한 각종 치료프로그램 및 검사·치료
- 일반·상해진단서 발급, 기타 의료적 평가 및 법적 증거 확보
- 보호시설 입소자에 대한 건강검진비·질병 진단 및 치료비·출산 진료비·일반의약품 구입비용 등

[지원기준]

구 분	지원기준	세부지원기준
성폭력	비급여 심리치료를 제외한 치료비용 본인부담액과 건강보험 또는 의료급여 비적용 진료비용	· 1회 100만원 이상의 고액의 검사·비급여항목 지원 요구 또는 총 진료비용 500만원 초과 시 ① 주치의 소견서 검토, ② 내부 사례회의 또는 외부 전문가 자문회의를 통해 지원 여부 결정 · 가족으로부터 간병지원을 받기 어려운 입원치료 피해자의 경우 최대 1개월간

		1인당 최대 300만원까지 간병비 지원
가정폭력		· 총 진료비용 300만원 초과 시 ① 주치의 소견서 검토, ② 내부 사례회의 또는 외부 전문가 자문회의를 통해 지원 여부 결정 · 가정폭력행위자에게 가정폭력 피해자에게 지원한 의료비에 대한 구상권 청구 가능

[지원기간]

구 분	내 용
성폭력	· 피해발생 후 경과기간에 관계없이 의료비 지원 · 피해발생 후 2년 이상이 경과하여 치료가 필요할 경우에는 피해사실과 인과관계 및 치료의 필요성 등을 확인하기 위해 의사 소견서 첨부
가정폭력	· 피해발생 후 5년 이내 범위에서 경과기간에 관계없이 의료비 지원 · 피해발생 후 1년 이상이 경과한 치료에 대해서는 피해사실과 인과관계 및 치료의 필요성 등을 확인하기 위해 의사 소견서 첨부

2-2. 성폭력 전담의료기관

★ 성폭력 피해자에게 보건 상담·지도 및 치료와 신체적·정신적 치료 등의 의료지원을 하기 위해 국·공립병원, 보건소 또는 민간의료시설을 성폭력 전담의료기관으로 지정하여 운영하고 있습니다.

3. 긴급피난처/그룹홈 지원

3-1. 긴급피난처

★ [보호대상] 긴급히 숙식지원이나 정신적·육체적 안정과 상담·치료 등을 필요로 하는 가정폭력·성폭력·스토킹 피해여성, 학대받는 여성 및 동반가족은 1366센터, 성폭력·가정폭력 피해자 보호시설, 모자일시보호시설, 상담소, 여성회관, 임시보호소 등을 긴급피난처로 이용 가능하며, 보호기간은 3일 이내 보호를 원칙으로 하되 필요시 7일까지 연장 가능합니다.

★ [긴급피난 요령] 여성긴급전화 1366센터, 상담소 또는 각 지역 상담원의 상담결과에 따라 긴급피난처에 임시보호를 의뢰하여 입소하게 되며, 긴급 또는 부득이한 경우에는 우선 시설에 입소시켜 보호한 후에 각 지역의 관계 공무원에게 통지하기도 합니다.

3-2. 그룹홈

★ [지원대상] 국토교통부에서 주거복지사업으로 매입한 임대주택 중 일부를 별도 물량으로 확보하여 폭력피해여성과 그 가족들이 공동생활가정 형태로 생활할 수 있도록 저가에 임대하고 있습니다.

★ [임대기간 및 보증금] 임대주택 1호당 2가구 이상이 입주하여 임대보증금 없이 2년간 임대(최대 4년) 가능하며, 입주자는 관리비 및 각종 공과금만 부담하면 됩니다.

4. 보호시설 지원

4-1. 보호시설의 종류 및 업무

★ 국가·지방자치단체 또는 특별시장·광역시장·특별자치시장·도지사·특별자치도지사 또는 시장·군수·구청장의 인가를 받은 사회복지법인이나 그 밖의 비영리법인은 다음과 같은 보호시설을 설치·운영할 수 있습니다.

성폭력 보호시설		가정폭력 보호시설	
구 분	입소기간	구 분	입소기간
· 일반보호시설	1년 이내	· 단기보호시설	6개월
· 장애인보호시설	2년 이내	· 장기보호시설	2년 이내
· 특별지원 보호시설(19세 미만 피해자)	18세까지	· 외국인보호시설	2년 이내
· 외국인보호시설	1년 이내	· 장애인보호시설	2년 이내
· 자립지원 공동생활시설	2년 이내		
· 장애인 자립지원 공동생활시설	2년 이내		

★ 보호시설의 업무는 다음과 같습니다.

- 피해자의 보호 및 숙식 제공
- 피해자의 심리적 안정과 사회 적응을 위한 상담 및 치료
- 자립·자활 교육의 실시와 취업정보의 제공
- 피해자의 의료지원·수사기관 및 법원 동행·법률지원 연계 등
- 다른 법률에 따라 보호시설에 위탁된 업무
- 그 밖에 피해자등을 보호하기 위해 필요한 업무

4-2. 입소대상 및 비용지원

★ 보호시설 입소는 ① 피해자로서 본인이 직접 입소를 희망하거나 입소에 동의하는 경우, ② 미성년자 또는 지적장애인 등 의사능력이 불완전한 사람으로서 보호자가 입소에 동의하는 경우, 또는 ③ 검사·경찰관서의 장·피해자 지원법인 또는 보호시설의 장이 피해자 중 집중적인 심리치료나 임시 거처가 필요하다고 판단되어 추천한 경우에 할 수 있습니다.

★ 보호시설에 입소한 피해자의 보호를 위해 필요한 경우 다음의 보호비용을 보호시설의 장 또는 피해자에게 지원할 수 있으며, 보호비용 신청은 "보호비용 신청서"를 작성해서 계좌번호가 표시된 통장 사본(아동교육지원비 신청 시에는 수업료 또는 입학금 등 납입고지서 사본 포함)을 첨부하여 보호시설의 주소지를 관할하는 특별자치시장·특별자치도지사 또는 시장·군수·구청장에게 제출하면 됩니다.
 - 생계비
 - 아동교육지원비
 - 아동양육비

4-3. 보호시설 퇴소 및 자립지원금 지원

★ 보호시설에 입소한 사람은 본인의 의사 또는 보호자의 요청에 따라 보호시설에서 퇴소할 수 있으며, 보호시설의 장은 입소한 사람이 다음의 어느 하나에 해당하면 퇴소를 명할 수 있습니다.
 - 보호 목적이 달성된 경우
 - 보호시설 입소기간이 끝난 경우
 - 입소자가 거짓이나 그 밖의 부정한 방법으로 입소한 경우

- 그 밖에 보호시설 안에서 현저한 질서문란 행위를 한 경우
★ 보호시설에 입소한 사람이 퇴소하는 경우 자립지원금을 받을 수 있는데, 자립지원금 신청은 "보호비용 신청서"를 작성해서 계좌번호가 표시된 통장 사본을 첨부하여 보호시설의 주소지를 관할하는 특별자치시장·특별자치도지사 또는 시장·군수·구청장에게 제출하면 됩니다.

5. 치료·회복프로그램

5-1. 치료·회복프로그램 개발 및 지원

★ 국가와 지방자치단체는 피해자의 심신 및 정서회복을 위한 집단상담, 미술심리치료, 심신회복캠프 등 다양한 치료 프로그램을 운영·지원해야 합니다.

★ 치료·회복프로그램은 상담소·보호시설 및 해바라기센터 등에서 이루어지므로 각 지역의 상담소 또는 센터로 문의하시기 바랍니다.
  예시) 서울해바라기센터 홈페이지 참조

■ 상담사례

> *Q.* 스토킹·데이트폭력 피해자가 받을 수 있는 보호·지원제도에 대해 알려주세요.
>
> *A.* 스토킹·데이트폭력 피해자는 정책에 따라 성폭력·가정폭력 피해자에 준하여 법률·의료·주거 지원 및 보호를 받을 수 있습니다.
> ◇ 법률·의료지원
>   - 국가와 지방자치단체는 피해자에게 법률상담은 물론 민사·

가사소송대리 또는 형사소송 지원을 무료로 제공함으로써 피해자의 기본적 인권을 보호하고 있습니다.

- 또한 피해자의 신체적·정신적 치료 및 후유증 최소화 등을 위해 의료비를 지원하고 있습니다.

◇ 긴급피난처·그룹홈·보호시설 등 주거지원

- 긴급히 숙식지원이나 정신적·육체적 안정과 상담·치료 등을 필요로 하는 피해자에게 긴급피난처를 지원하며, 보호기간은 3일 이내 보호를 원칙으로 하되 필요시 7일까지 연장 가능합니다.

- 국토교통부에서 주거복지사업으로 매입한 임대주택 중 일부를 별도 물량으로 확보하여 피해자와 그 가족들이 임대보증금 없이 2년간(최대 4년) 공동생활가정(그룹홈) 형태로 생활할 수 있도록 저가에 임대하고 있습니다.

- 성폭력·가정폭력 보호시설은 피해자를 보호하고 숙식을 제공하며, 그들의 자립·자활을 위한 교육 및 취업정보 제공, 양육비·생계비 등의 보호비용 및 보호시설 퇴소 시 자립지원금 등을 지원하고 있습니다.

◇ 치료·회복프로그램 개발 및 지원

- 국가와 지방자치단체는 피해자의 심신 및 정서회복을 위한 집단상담, 미술심리치료, 심신회복캠프 등 다양한 치료 프로그램을 운영·지원하고 있습니다.

피해유형별 추가 지원사항

1. 성폭력이 수반된 스토킹·데이트폭력 피해자인 경우 : 주택공급·비밀전학·돌봄지원

1-1. 임대주택 우선공급

★ 국민임대주택 임주자 모집공고일 현재 무주택 세대구성원으로서 일반공급 입주자격을 충족하고 아래의 요건을 충족하는 성폭력피해자 또는 그 피해자를 보호하는 가족은 국민임대주택 우선 입주를 신청할 수 있습니다.

  - 보호시설에 6개월 이상(특별지원 보호시설의 경우 1년) 입소한 피해자로, 퇴소했을 경우에는 그 퇴소일로부터 2년이 지나지 않은 사람(거짓이나 그 밖의 부정한 방법으로 입소한 경우 제외)

  - 여성가족부장관이 지원하는 주거지원시설(그룹홈)에 2년 이상 입주한 피해자로, 퇴거했을 경우 그 퇴거일로부터 2년이 지나지 않은 사람(거짓이나 그 밖의 부정한 방법으로 입주하여 퇴거하게 된 사람은 제외)

★ 국민임대주택 입주 신청 시 위의 보호시설 또는 주거지원시설(그룹홈) 입소확인서 또는 입주사실확인서를 증거서류로 제출해야 합니다.

1-2. 비밀전학 지원제도

★ 국가와 지방자치단체는 피해자나 피해자의 가족구성원이 초·중·고등학교·특수학교·각종학교의 학생인 경우 주소지 외의 지역에

서 취학(입학·재입학·전학·편입학 포함)할 필요가 있을 때에는 다음에 따라 그 취학이 원활히 이루어지도록 지원해야 하며, 이 경우 취학을 지원하는 관계자는 피해자나 피해자의 가족구성원의 사생활이 침해되지 않도록 유의해야 합니다.

- [초등학교] 보호자가 주소지 외의 지역에 있는 초등학교에 피해자나 피해자의 가족구성원을 입학시키려는 경우 해당 초등학교의 장은 입학을 승낙해야 하며, 피해자나 피해자의 가족구성원이 초등학교에 다니고 있는 경우 그 초등학교의 장은 가해자가 아닌 보호자 1명의 동의를 받아 교육장에게 전학을 추진해야 하고, 교육장은 전학할 학교를 지정해서 전학시켜야 합니다.

- [그 밖의 각급학교] 각급학교의 장은 피해자나 피해자의 가족구성원이 다른 학교로 전학·편입학할 수 있도록 추천해야 하고, 교육장 또는 교육감은 취학할 학교를 지정하여 배정해야 하며, 이 경우 배정된 학교의 장은 이를 거부할 수 없습니다.

1-3. 돌봄 비용 지원

★ 성폭력 피해를 입은 사람의 13세 미만의 자녀로서 가족의 돌봄을 받기 어려운 경우 돌봄서비스 이용 시 자부담 비용분에 대해 지원받을 수 있습니다.

- [지원기간] 최대 6개월 이내(연장 시 최대 18개월까지 가능)
- [지원금액] 1인당 최대 300만원 한도 원칙(연장 시 최대 900만원까지 가능)
- [신청방법] 각 지역 해바라기센터에 ① 신청서, ② 돌봄비용 본인부담 증빙 서류, ③ 성폭력피해 상담사실 확인서 등을 첨부하여 접수

2. 가정폭력이 수반된 스토킹 피해자인 경우 : 주택공급·자립지원·비밀전학

2-1. 임대주택 우선공급

★ 국민임대주택 입주자 모집공고일 현재 무주택세대구성원으로서 일반공급의 입주자격을 충족하고 아래의 조건을 충족하는 가정폭력 피해자는 국민임대주택 우선 입주를 신청할 수 있습니다.

- 보호시설에 6개월 이상 입소한 피해자로, 퇴소했을 경우에는 그 퇴소일로부터 2년이 지나지 않은 사람(거짓이나 그 밖의 부정한 방법으로 입소한 경우 제외)

- 여성가족부장관이 지원하는 주거지원시설(그룹홈)에 2년 이상 입주한 피해자로, 퇴거했을 경우 그 퇴거일로부터 2년이 지나지 않은 사람(거짓이나 그 밖의 부정한 방법으로 입주하여 퇴거하게 된 사람은 제외)

★ 국민임대주택 입주 신청 시 위의 보호시설 또는 주거지원시설(그룹홈) 입소확인서 또는 입주사실확인서를 증거서류로 제출해야 합니다.

2-2. 자립·자활을 위한 지원제도

★ 보호시설 입소자나 그룹홈 입주자는 자립·자활을 위해 국·공립 직업훈련기관, 민간 직업훈련기관, 사설학원, 평생교육시설 등에서 실시하는 실질적 취업 및 창업이 가능한 직업교육 및 진학교육비를 지원받을 수 있으며, 신청은 신청서를 작성해서 계좌번호가 표시된 통장 사본을 첨부하여 보호시설의 주소지를 관할하는 특별자치시장·특별자치도지사 또는 시장·군수·구청장에게 제출하면 됩니다.

★ 직업훈련에 소요되는 직업교육비 또는 학원비, 교통비 등이 지원
되며, 출석률 80% 이상일 경우에만 지원됩니다.

2-3. 비밀전학 지원제도

★ 국가와 지방자치단체는 피해자나 피해자가 동반한 가정구성원이
아동인 경우 주소지 외의 지역에서 취학(입학·재입학·전학·편입학
포함)할 필요가 있을 때에는 그 취학이 원활히 이루어지도록 지
원해야 하며, 피해자 및 피해자가 동반한 가정구성원을 보호하기
위해 이러한 조치가 취학업무 관계자가 아닌 자에게 공개되지 않
도록 주의해야 합니다.
  - [초등학교] 가정폭력이 발생한 사실이 인정되는 경우 피해아동
    의 보호자 1명의 동의를 받아 교육장에게 그 피해아동의 전학
    을 추진해야 하며, 이 경우 교육장은 전학할 학교를 지정해서
    전학시켜야 합니다.
  - [중학교·고등학교] 가정폭력이 발생한 사실이 인정되는 경우 피
    해아동이 다른 학교로 전학 또는 편입학할 수 있도록 추천해야
    하며, 교육장은 전학 또는 편입학이나 재입학할 학교를 지정해
    서 배정해야 합니다.
★ 가정폭력을 당해 가구구성원과 함께 원만한 가정생활을 하기 곤
란하거나 가구구성원으로부터 성폭력을 당한 피해자로 생계유지
등이 어려워 긴급복지가 필요한 경우 긴급복지지원을 받을 수 있
으며, 다른 법령에 따른 지원과 중복지원은 안됩니다.

3. 범죄피해배상을 받지 못하거나 구조피해자가 된 경우

3-1. 구조금의 종류 및 지급요건

★ 대한민국 영역 안에서 또는 대한민국의 영역 밖에 있는 대한민국의 선박이나 항공기 안에서 행해진 사람의 생명 또는 신체를 해치는 죄에 해당하는 행위로 인해 사망하거나 장해 또는 중상해를 입은 사람이 다음의 어느 하나에 해당하면 피해자 또는 그 유족에게 범죄피해 구조금을 지급합니다.

- 구조피해자가 피해의 전부 또는 일부를 배상받지 못하는 경우
- 자기 또는 타인의 형사사건의 수사 또는 재판에서 고소·고발 등 수사단서를 제공하거나 진술·증언 또는 자료제출을 하다가 구조피해자가 된 경우

★ 구조금은 유족구조금·장해구조금·중상해구조금으로 구분되며, 일시금으로 지급합니다.

3-2. 구조금 지급신청 및 소멸시효

★ 구조금을 받으려면 "구조금 지급신청서"에 증빙서류를 첨부해서 그 주소지, 거주지 또는 범죄 발생지를 관할하는 지구심의회에 제출해야 합니다.

★ 구조금 지급신청은 해당 구조대상 범죄피해의 발생을 안 날부터 3년이 지나거나 해당 구조대상 범죄피해가 발생한 날부터 10년이 지나면 할 수 없으며, 구조금을 받을 권리는 구조결정이 해당 신청인에게 송달된 날부터 2년간 행사하지 않으면 시효로 인해 소멸됩니다.

피해회복을 위한 지원기관

1. 스마일센터

1-1. 지원대상 및 지원요건

★ 살인·강간·방화·강도·폭행 등의 강력범죄로 인해 정신적 충격을 받고 일상적인 생활이 어려워 심리치료가 필요하다고 판단되는 피해자와 그 가족에게 상담 및 심리치료, 회복프로그램 등 일상회복에 필요한 도움을 제공합니다.

1-2. 지원내용

- 정신건강의학과 진료

  범죄피해로 인해 정신건강의학과 진료가 필요하다고 판단되는 경우 협력병원에 연계하여 진료받을 수 있도록 하고, 필요한 경우 약물치료, 입원치료 등을 처방합니다.

- 심리평가 및 치료

  피해자의 심리적 상태를 이해하고 치료 계획을 수립하기 위해 편안하고 안정된 분위기 속에서 전문적인 훈련을 받은 임상심리학자가 심리평가를 실시하고, 심리적 후유증을 감소시키고 안정감 회복을 돕기 위해 개별 및 집단 심리치료를 제공합니다.

- 생활관 입소자 프로그램

  범죄피해로 인한 충격에서 벗어나기 위해서나 범죄 현장 정리를 위해 일시적으로 별도의 주거공간이 필요한 경우에 1개월 간의 임시 거주지 및 입소 프로그램을 통해 심리치료, 회복 프로그램 등을 운영합니다.

- 회복프로그램

유사한 고통을 겪는 피해자들이 함께 모여 이야기를 나누고 격려하며 다양한 활동에 참여하는 것을 통해 회복에 도움을 받을 수 있도록 회복프로그램을 운영합니다.

1-3. 지원절차

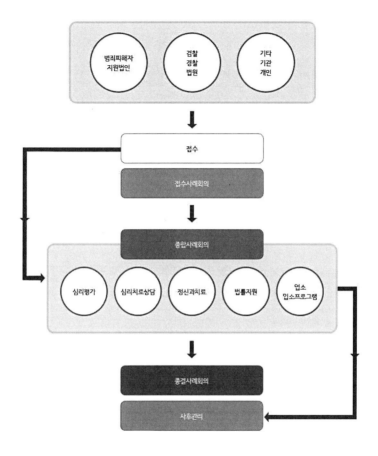

2. 범죄피해자지원센터

2-1. 지원대상 및 지원요건

★ 범죄로 인해 신체·정신·재산상 피해를 입은 피해자와 가족에게 경제적 지원, 심리 지원 등을 통해 피해자와 피해자 가족이 다시 희망을 가지고 일어설 수 있도록 지원하고 있습니다.

2-1. 지원내용

- 경제적 지원

  치료비·심리치료비·긴급생계비·장례비·학자금·간병비·돌봄비용·취업지원비 등의 지원을 통해 범죄피해자와 가족의 피해 회복을 돕습니다.
- 심리지원

  피해자와 그 가족에게 심리상담, 개별·집단 치유프로그램 지원을 통해 일상생활 복귀를 지원합니다.
- 주거지원

  범죄피해로 기존 집에서 생활이 어려운 피해자와 가족에게 주거환경개선, LH 주거지원 신청절차 안내 등을 통해 일상생활 복귀를 지원합니다.

2-2. 지원절차

STEP 01	STEP 02	STEP 03	STEP 04	STEP 05	STEP 06
지역관할센터 신청	센터심의위원회 심의	관할 검찰청요건 확인	각 사업별 지원비 지원	지속관리	종결

※ 전국 범죄피해자지원센터의 연락처(☎ 1577-1295), 주소 및 홈페이지 주소는 <한국범죄피해자지원중앙센터 홈페이지-센터안내-전국센터찾기>에서 확인할 수 있습니다.

스토킹·데이트폭력 예방 및 인식개선

1. 찾아가는 폭력예방교육

1-1. 폭력예방교육

★ 국가기관, 지방자치단체, 각급 학교의 장, 그 밖에 공공단체의 장 등
은 성폭력·가정폭력·스토킹·데이트폭력의 예방과 방지를 위해 필요한
교육을 실시하고, 그 결과를 여성가족부장관에게 제출해야 합니다.

★ 또한 여성가족부장관 또는 특별시장·광역시장·특별자치시장·도지사·
특별자치도지사는 "찾아가는 폭력예방교육"과 같이 일반 국민을
대상으로 성폭력·가정폭력·스토킹·데이트폭력 예방과 방지를 위해
필요한 교육을 실시할 수 있으며, 교육부장관 및 교육감은 유치원
및 학교에서 성폭력·가정폭력·스토킹·데이트폭력에 대한 이해와 예
방교육을 실시하기 위한 시책을 수립·시행합니다.

1-2. 인식개선을 위한 홍보

★ 국가와 지방자치단체는 여성폭력에 대한 인식을 개선하고 피해자 보
호·지원에 관한 홍보사업을 실시하기 위한 시책을 수립·시행합니다.

★ 또한 성폭력·가정폭력·스토킹·데이트폭력 방지, 피해자의 치료와
재활 등에 관한 홍보영상을 제작하여 지상파방송사업자에게 비상
업적 공익광고 편성비율의 범위에서 채널별로 송출하도록 요청하
고, TV 강연, 드라마 등의 대중매체를 활용하여 성폭력·가정폭
력·스토킹·데이트폭력에 대한 인식개선을 위해 노력합니다.

2. 집중 단속주간 시행

2-1. 스토킹·데이트폭력 집중 신고기간

★ 국가와 지방자치단체는 관계 법률에서 정하는 바에 따라 여성폭력 추방주간을 운영해야 하며, 이는 성폭력 추방주간, 가정폭력 추방주간, 성매매 추방주간과 통합적으로 실시할 수 있습니다.

★ 경찰청은 "스토킹 범죄 집중 신고기간" 및 "데이트폭력 집중신고기간"을 운영하여 스토킹범죄에 강력하게 대응하고 데이트폭력 또한 범죄라는 인식개선을 위해 노력하고 있습니다.

Part V.
2차 피해 예방 및
개인정보 보호

2차 피해 예방

1. 피해자에게 더욱 가혹한 2차 피해

1-1. "2차 피해"란?

★ "2차 피해"란 피해자가 ① 수사·재판·보호·진료·언론보도 등 사건처리 및 회복의 전 과정에서 입는 정신적·신체적·경제적 피해, ② 집단 따돌림, 폭행 또는 폭언, 그 밖에 정신적·신체적 손상을 가져오는 행위로 인한 피해(정보통신망을 이용한 행위로 인한 피해 포함) 또는 ③ 사용자로부터 폭력피해 신고 등을 이유로 입은 다음의 어느 하나에 해당하는 불이익조치로 인한 피해를 입는 것을 말합니다.

- 파면·해임·해고, 그 밖에 신분상실에 해당하는 신분상의 불이익조치
- 징계·정직·감봉·강등·승진 제한, 그 밖에 부당한 인사조치
- 전보·전근·직무 미부여·직무 재배치, 그 밖에 본인의 의사에 반하는 인사조치
- 성과평가·동료평가 등에서의 차별과 그에 따른 임금·상여금 등의 차별 지급
- 교육·훈련 등 자기계발 기회의 취소, 예산·인력 등 가용자원의 제한·제거, 보안정보·비밀정보 사용의 정지 또는 취급 자격의 취소, 그 밖에 근무조건 등에 부정적 영향을 미치는 차별·조치
- 주의 대상자 명단 작성 또는 그 명단의 공개, 집단 따돌림, 폭행·폭언, 그 밖에 정신적·신체적 손상을 가져오는 행위

- 직무에 대한 부당한 감사·조사나 그 결과의 공개
- 인허가 등의 취소, 그 밖에 행정적 불이익을 주는 행위
- 물품계약·용역계약의 해지, 그 밖에 경제적 불이익을 주는 조치
★ "사용자"란 사업주 또는 사업경영담당자, 그 밖에 사업주를 위해 근로자에 관한 사항에 대한 업무를 수행하는 자를 말합니다.

1-2. 2차 피해 방지를 위한 노력

★ 국가와 지방자치단체는 2차 피해를 방지하기 위해 2차 피해 방지지침과 업무 관련자 교육 등 필요한 대책을 마련해야 하며, 2차 피해가 발생한 경우에는 그 피해를 최소화할 수 있는 조치를 취해야 합니다.
★ 다음의 어느 하나에 해당하는 수사기관의 장은 사건 담당자 등 업무 관련자를 대상으로 매년 1시간 이상 2차 피해 방지교육을 실시해야 하며, 그 실시 결과를 다음 연도 2월 말까지 여성가족부장관에게 제출해야 합니다.
- 대검찰청·고등검찰청·지방검찰청 및 지방검찰청 지청
- 군검찰부
- 경찰청·시·도경찰청 및 경찰서
- 해양경찰청·지방해양경찰청 및 해양경찰서
- 군사법경찰관의 직무를 수행하는 군인 또는 군무원이 소속된 부대
- 사법경찰관리의 직무를 수행하는 공무원이 소속된 기관

2. 직장 내 2차 피해

2-1. 직장 내 피해자에 대한 불이익처분 금지

★ 피해자를 고용하고 있는 자는 누구든지 가정폭력범죄와 관련하여 피해자를 해고하거나 그 밖의 불이익을 주어서는 안 됩니다.

★ 누구든지 피해자 또는 성폭력 발생 사실을 신고한 자를 고용하고 있는 자는 성폭력과 관련하여 피해자 또는 성폭력 발생 사실을 신고한 자에게 다음의 어느 하나에 해당하는 불이익조치를 해서는 안 됩니다.
  - 파면·해임·해고, 그 밖에 신분상실에 해당하는 불이익조치
  - 징계·정직·감봉·강등·승진 제한, 그 밖의 부당한 인사조치
  - 전보·전근·직무 미부여·직무 재배치, 그 밖에 본인의 의사에 반하는 인사조치
  - 성과평가·동료평가 등에서의 차별이나 그에 따른 임금·상여금 등의 차별 지급
  - 직업능력 개발 및 향상을 위한 교육훈련 기회의 제한, 예산·인력 등 가용자원의 제한·제거, 보안정보·비밀정보 사용의 정지 또는 취급자격의 취소, 그 밖에 근무조건 등에 부정적 영향을 미치는 차별·조치
  - 주의 대상자 명단 작성 또는 그 명단의 공개, 집단 따돌림, 폭행·폭언 등 정신적·신체적 손상을 가져오는 행위 또는 그 행위의 발생을 방치하는 행위
  - 직무에 대한 부당한 감사·조사나 그 결과의 공개
  - 그 밖에 본인의 의사에 반하는 불이익조치

2-2. 위반 시 제재

★ 직장 내 피해자 또는 피해 발생 사실을 신고한 사람에게 해고 등의 불이익을 준 자는 3년 이하의 징역 또는 3천만원 이하의 벌금에 처해집니다.

★ 법인의 대표자나 법인 또는 개인의 대리인, 사용인, 그 밖의 종사자가 그 법인 또는 개인의 업무에 관해 피해자에게 불이익을 준 경우 그 행위자를 벌하는 외에 그 법인 또는 개인 또한 3천만원 이하의 벌금형에 처해집니다. 다만, 법인 또는 개인이 그 위반행위를 방지하기 위해 해당 업무에 관해 상당한 주의와 감독을 게을리하지 않은 경우에는 그렇지 않습니다.

3. 형사절차에서의 2차 피해

3-1. 피해 접수 및 동행 시

★ 경찰관은 2차 피해를 방지하기 위해 ① 다른 경찰관서 관할이거나 피의자 특정 곤란, 증거 부족 등의 사유로 사건을 반려하는 행위, ② 피해자를 비난하거나 합리적인 이유 없이 피해 사실을 축소 또는 부정하는 행위, ③ 가해자에 동조하거나 피해자에게 가해자와 합의할 것을 종용하는 행위 등을 하지 않도록 유의해야 합니다.

★ 성폭력, 아동학대, 가정폭력 등 피해자에 대한 특별한 배려가 필요한 사건을 접수한 경찰관은 담당 부서의 피해자보호관 등에게 인계하여 상담을 받을 수 있도록 조치하고, 피해사실의 접수 여부와 관계 없이 피해자가 원하는 경우 피해자지원제도 및 유관기관·단체에 대한 정보를 제공하고 인계하도록 노력합니다.

★ 경찰관은 피해자를 경찰관서나 성폭력피해자통합지원센터 등으로

동행하는 경우 피해자의 의사를 확인해야 하며, 경찰관서로 동행 시 피의자와 분리하여 피해자에 대한 위해나 보복을 방지합니다.

3-2. 조사 및 이후 절차

★ 경찰관은 조사 시작 전 피해자에게 가족 등 피해자와 신뢰관계에 있는 자를 참여시킬 수 있음을 고지해야 하며, 사건을 처리하는 과정에서 권위적인 태도나 불필요한 질문을 삼가고, 피의자와 대질심사가 어려운 경우에는 피의자와 분리해서 조사하는 등 피해자에게 2차 피해를 주지 않도록 해야 합니다.

★ 또한 경찰은 강력범죄 피해자와 같이 신원이 노출되면 안되는 피해자에 대해서는 신변안전과 심리적 안정감을 느낄 수 있는 장소에서 조사할 수 있도록 하고, 심리적 충격 등이 심각해서 조사과정에서 2차 피해의 우려가 큰 경우에는 피해자 전담경찰관과 협의하여 피해자와의 접촉을 자제하고 피해자전담경찰관이 피해자에 대한 심리평가 및 상담을 실시하도록 노력합니다.

★ 사법경찰관은 수사 진행상황을 고소인·고발인·피해자 또는 그 법정대리인에게 통지해야 하는데, 사건관계인에 대한 보복범죄나 2차 피해가 우려되는 경우에는 수사 진행상황을 통지하지 않을 수 있습니다. 이 경우 그 사실을 수사보고서로 작성해서 사건기록에 편철해야 합니다.

★ 또한 사법경찰관은 피혐의자와 진정인·탄원인·피해자 또는 그 법정대리인에게 불입건 결정 통지를 해야 하는데, 통지로 이해 보복범죄 또는 2차 피해 등이 우려되는 경우에는 불입건 결정을 통지하지 않을 수 있으며, 이 경우 그 사실을 입건전조사 보고서로 작성해서 사건기록에 편철해야 합니다.

개인정보 보호하기

1. 수사 및 재판단계에서의 개인정보 보호

1-1. 가명조서제도 등 피해자의 개인정보 보호

1-1-1. 가명조서제도 및 인적사항 기재 생략

★ 경찰관은 다음의 어느 하나에 해당하는 경우 범죄피해와 관련하여 조서나 그 밖의 서류를 작성할 때 그 취지를 조서나 그 밖의 서류에 기재하고 진술자의 성명·연령·주소·직업 등 신원을 알 수 있는 인적사항을 기재하지 않을 수 있습니다.
- 법령에 명시적인 규정이 있는 경우
- 진술자의 의사, 진술자와 피의자와의 관계, 범죄의 종류, 진술자 보호의 필요성에 비추어 인적사항을 기재하지 않아야 할 상당한 이유가 있는 경우

★ 법률에서 인적사항을 기재하지 않을 수 있다고 규정한 경우 피해자나 그 법정대리인은 경찰관에게 인적사항 기재를 생략해줄 것을 신청할 수 있으며, 또한 피해자가 진술서 등을 작성할 때에도 경찰관의 승인을 받아 인적사항의 전부 또는 일부를 기재하지 않을 수 있습니다.

★ 검찰 조사과정에서도 검사는 가명조서를 작성하거나 가명진술서 등을 제출받는 등의 방법으로 그 신상정보 보호를 위해 최선을 다해야 하며, 공소장 작성 시 신상정보 노출로 인한 2차 피해 발생 우려가 없는 것이 명백한 경우를 제외하고는 피해자의 신상정

보가 노출되지 않도록 공소사실의 특정을 해하지 않는 범위 내에서 다음의 사항을 기재하지 않습니다.

- 피해자의 성(姓)을 제외한 이름
- 피해자의 신상정보를 노출할 위험이 있는 범죄장소의 구체적 지번, 건물번호, 공동주택의 동·호수 등 상세한 주소
- 피해자의 직업, 근무처 등 신상정보를 노출할 우려가 있는 사항

1-1-2. 재판기록·서류 등의 열람·복사 시 개인정보 보호

★ 재판장은 피해자, 증인 등 사건관계인의 생명 또는 신체의 안전을 현저히 해칠 우려가 있는 경우 법원사무관 등에게 소송 관련 서류 또는 증거물의 열람·복사에 앞서 사건관계인의 성명 등 개인정보가 공개되지 않도록 하는 보호조치를 명할 수 있습니다.

★ 비실명처리 대상정보는 재판기록에 나타난 사건관계인의 성명 및 개인을 특정할 수 있는 다음의 어느 하나에 해당하는 정보로서, 비실명처리는 검은색으로 칠하거나 접착식 메모지·접착식메모테이프·라벨지 등을 부착하거나 PDF 파일 등에 '▓' 등을 사용하여 가리는 등의 방법을 이용합니다.

- 성명에 준하는 정보: 호, 아이디, 닉네임 등
- 연락처: 주소, 거주지, 전화번호, 이메일 주소 등
- 금융정보: 계좌번호, 신용카드 번호, 수표번호 등
- 기타 개인을 특정할 수 있는 정보: 유전정보, 범죄경력자료에 해당하는 정보, 소유 부동산 소재지, 주민등록번호, 여권번호, 운전면허번호, 외국인등록번호, 차량등록번호, 음성, 영상 등

1-1-3. 피해자 진술 등의 공개 제한

★ 법원은 피해자를 증인으로 신문하는 경우 해당 피해자·법정대리인 또는 검사의 신청에 따라 피해자의 사생활의 비밀이나 신변보호를 위해 필요하다고 인정하는 때에는 결정으로 심리를 공개하지 않을 수 있습니다.

★ 또한 재판장은 피해자 또는 그 밖의 소송관계인의 사생활에 관한 비밀보호 또는 신변에 대한 위해 방지 등을 위해 특히 필요하다고 인정하는 경우에는 속기록, 녹음물 또는 영상녹화물 사본의 교부를 허가하지 않거나 그 범위를 제한할 수 있습니다.

2. 비밀누설금지 및 언론접근 제한 등

2-1. 비밀누설금지

★ 범죄피해자 보호·지원 업무에 종사하고 있거나 종사했던 사람은 그 업무를 수행하는 과정에서 알게 된 타인의 사생활에 관한 비밀을 누설해서는 안되며, 범죄피해자를 보호하고 지원하는 목적으로만 그 비밀을 사용해야 합니다.

★ 경찰관은 성명·연령·주거지·직업·용모 등 피해자임을 미루어 알 수 있는 사실을 피해자의 동의 없이 제3자에게 제공하거나 누설해서는 안 됩니다.

★ 검사는 범죄의 피해자를 조사하면서 제출된 증거자료 중 성적 수치심을 불러일으킬 수 있는 신체의 전부 또는 일부를 촬영한 사진이나 CD, 비디오테이프 등의 영상물은 사건기록과 분리·밀봉하여 사건기록 말미에 첨부하거나 압수물로 처리하는 등 일반인에게 공개되지 않도록 합니다.

2-2. 피해자의 사생활 보호

★ 경찰관은 언론기관에 의한 취재 및 보도 등으로 인해 피해자의 명예 또는 사생활의 평온을 해치지 않도록 노력해야 합니다.

★ 피해자전담경찰관은 피해자의 정신적·심리적 상태 등을 고려하여 언론기관과의 접촉에 대해 피해자에게 조언할 수 있고, 이 경우 피해자의 의사를 존중해야 합니다.

■ 상담사례

> **Q.** 이혼한 전 배우자가 계속 집과 회사에 찾아와 협박하고 폭행을 일삼아 스토킹으로 경찰에 신고했습니다. 그런데 경찰에서 조사받고 소송까지 하게 되면 제 개인정보가 그 사람에게도 알려지지 않나요? 그럼 이사를 하고 이직을 해도 소용이 없는 건 아닌지 두렵습니다.
>
> **A.** 걱정하지 마세요. 경찰 조사과정은 물론 검찰 조사과정 및 재판 과정에서도 피해자의 개인정보가 유출되어 2차 피해가 발생하지 않도록 하기 위한 제도가 마련되어 있습니다.
> [경찰조사단계] 진술자의 의사·진술자와 피의자와의 관계·범죄의 종류·진술자 보호의 필요성에 비추어 인적사항을 기재하지 않아야 할 상당한 이유가 있거나 법령에 명시적인 규정이 있는 경우에는 진술자의 성명·주소·직업 등의 인적사항을 기재하지 않을 수 있습니다.
> [검찰조사단계] 공소장 작성 시 피해자의 개인정보가 노출되

지 않도록 공소사실의 특정을 해하지 않는 범위 내에서 개인
정보를 기재하지 않을 수 있고, 그 밖에도 가명조서·가명진술
서 등의 제도를 이용할 수 있습니다.

[소송단계] 법원은 피해자, 증인 등 사건관계인의 생명 또는
신체의 안전을 현저히 해칠 우려가 있는 경우 재판기록·서류
등의 열람·복사 시 사건관계인의 개인정보가 공개되지 않도
록 하는 보호조치를 명할 수 있습니다.

주민등록번호 변경 및 열람제한

1. 주민등록번호 변경제도

1-1. 주민등록번호 변경신청 대상

★ 유출된 주민등록번호로 인해 생명·신체에 위해(危害) 또는 재산에 피해를 입거나 입을 우려가 있다고 인정되는 사람, 또는 다음의 어느 하나에 해당하여 유출된 주민등록번호로 인해 피해를 입거나 입을 우려가 있다고 인정되는 사람은 이를 입증할 수 있는 자료를 갖추어 주민등록지의 특별자치시장·특별자치도지사 또는 시장·군수·구청장에게 주민등록번호 변경을 신청할 수 있습니다.
  - 성범죄 피해아동·청소년
  - 성폭력피해자
  - 성매매피해자
  - 가정폭력범죄 피해자
  - 공익신고자와 공익신고에 대한 조사·수사·소송 및 공익신고자 보호조치에 관련된 조사·소송 등에서 진술·증언하거나 자료를 제공한 사람
  - 아동학대범죄 피해아동
  - 정보통신망을 이용해서 공공연하게 사실 또는 거짓의 사실을 드러내어 명예를 훼손당한 피해자
  - 특정범죄에 관한 신고·진정(陳情)·고소·고발 등 수사 단서의 제공, 진술 또는 증언이나 그 밖의 자료제출행위 및 범인검거를

위한 제보 또는 검거활동을 한 범죄신고자
- 존속살해(尊屬殺害), 인신매매 등 특정강력범죄행위의 피해자
- 학교폭력 피해학생
-「형법」상 방화, 명예훼손, 모욕 등을 당한 피해자

1-2. 입증자료 및 변경절차

★ 주민등록번호 변경을 신청하려면 "주민등록번호 변경신청서"에 주민등록번호가 유출되었으며, 그로 인해 생명·신체에 위해 또는 재산에 피해를 입거나 입을 우려가 있음을 입증하는 자료를 첨부해서 제출해야 합니다.

★ 성폭력·성매매·가정폭력 피해 또는 피해 우려 입증자료

구분	입증자료	발급기관
성폭력 피해자 (아동·청소년 포함)	· 성폭력 피해 상담사실 확인서, 보호시설 입소확인서	성폭력피해상담소 성폭력 피해자보호시설 해바라기 센터
	· 진단서, 진료기록	진료병원
	· 수사기관 사건(고소.고발 등) 접수증, 고소장 사본	해당 수사기관 (검찰, 경찰)
	· 판결문, 공판기록	법원
성매매 피해자	· 보호시설 입소확인서 · 상담확인서	성매매피해자 지원시설 성매매피해자 상담소
	· 진단서, 진료기록	진료병원
	· 수사기관 사건(고소.고발 등) 접수증, 고소장 사본	해당 수사기관 (검찰, 경찰)
	· 판결문, 공판기록	법원

가정폭력 피해자	· 가정폭력 피해 상담사실 확인서, 보호시설 입소확인서	가정폭력상담소 가정폭력피해자 보호 시설
	· 진단서, 진료기록	진료병원
	· 수사기관 사건 (고소.고발 등) 접수증, 고소장 사본	해당 수사기관 (검찰, 경찰)
	· 판결문, 공판기록	법원

★ 특정범죄 신고자, 특정강력범죄·방화범죄·명예훼손범죄 피해자, 아동
학대 피해아동, 학교폭력 피해학생, 공익신고자 등의 피해 입증자료

구분	입증자료	발급기관
범죄 신고자등	· 사건사고접수확인원 · 범죄신고자 등 신변안전조치신청서 및 통보서 등	해당 수사기관 (검찰, 경찰)
범죄행위 피해자	· 사건사고사실확인원 · 공소장, 사건처분결과통지서 등	해당 수사기관 (검찰, 경찰)
	· 판결문	법원
아동학대 피해아동	· 아동학대사건발생확인서 · 수사기록	경찰서
	· 판결문	법원
학교폭력 피해학생	· 학교폭력대책자치위원회 결과 통지서 · 학교생활기록부 · 학교폭력사고발생확인서	해당 학교 경찰서
공익신고자	· 공익신고접수증	해당기관
	· 신변보호조치 요구서 및 결과 통지 · 신분공개경위 확인요구서 및 결과 통지	국민권익위원회

1-3. 주민등록번호 변경절차

★ 주민등록번호 변경 후 신분증 재발급, 금융·휴대전화 변경신고 등을 잊지 마세요!

구 분	잠정조치 기간
주민등록증	· 접수기관: 주민등록지 주민센터 · 소요기간: 3주
운전면허증	· 접수기관: 전국 경찰서 또는 운전면허시험장 · 소요기간: 15일(운전면허시험장은 즉시 발급)
여권	· 접수기관: 시·군·구 및 광역시·도청 · 소요기간: 4-5일
은행·보험 ·신용카드	· 접수기관: 각 기관별 내방 또는 유선 · 소요기간: 즉시
유선·휴대 전화·인터넷	· 접수기관: 대리점(직영점) 내방 또는 유선 · 소요기간: 1일 내
건강보험	· 1~2주내 자동변경(문의: ☎ 1577-1000)
국민연금	· 1~2주내 자동변경(문의: ☎ 1335)

2. 주민등록 등·초본 열람·발급 제한

2-1. 열람·발급 제한 사유

★ 본인이나 세대원이 아닌 자로부터 주민등록표의 열람 또는 등·초본의 발급신청을 받으면 주민등록표의 열람 또는 등·초본 발급기관의 장은 그 열람 또는 등·초본의 발급이 개인의 사생활을 침해할 우려가 있거나 공익에 반한다고 판단되면 열람하지 못하게 하거나 등·초본을 발급하지 않을 수 있습니다.

★ 가정폭력범죄 피해자의 경우 가정폭력행위자가 본인과 주민등록지를 달리하는 경우 대상자를 지정하여 특별자치시장·특별자치도지사 또는 시장·군수·구청장에게 본인과 세대원 및 직계존비속의 주민등록표 열람 또는 등·초본의 교부를 제한하도록 신청할 수 있습니다.

★ 주민등록표 열람 또는 등·초본 발급제한을 신청하려면 신청서와 다음의 어느 하나에 해당하는 증거서류를 제출해야 합니다.

증거서류	
가정폭력 관련 상담소의 장 또는 긴급전화센터의 장이 발급한 상담사실확인서	의료기관이 발급한 진단서 또는 경찰관서에서 발급한 가정폭력 피해사실을 소명할 수 있는 서류
보호시설의 장이 발급한 상담사실확인서 또는 입소 확인서	
성폭력피해상담소의 장이 발급한 상담사실확인서	
성폭력피해자보호시설의 장이 발급한 성폭력피해자 보호시설 입소 확인서	
가정폭력피해자 보호시설의 장이 발급한 가정폭력피해자 보호시설 입소 확인서 또는 긴급전화센터의 장이 발급한 긴급피난처 입소 확인서	

일시지원복지시설의 장이 발급한 일시지원복지시설 입소 확인서	
지역노인보호전문기관의 장이 발급한 상담사실확인서	
학대피해노인 전용쉼터의 장이 발급한 학대피해노인 전용쉼터 입소 확인서	
주민등록번호 변경 결정 통지서	
임시보호명령결정서의 등·초본이나 피해자보호명령결정서의 등·초본	
고소·고발사건처분결과통지서	
사건처분결과증명서	

2-2. 열람·발급 시 본인 통보 서비스

★ 주민등록표 열람 또는 등·초본 발급기관의 장은 본인의 신청이 있는 경우 주민등록표의 열람 및 등·초본의 발급 일자, 신청인의 성명 및 신청 사유를 우편이나 휴대전화에 의한 문자전송 등의 방법으로 본인에게 통보할 수 있습니다.

★ 주민등록표의 열람 또는 등·초본의 교부사실 통보 서비스 신청은 "통보서비스 신청서"를 작성한 후 주민등록증 등 신분증명서를 지참해서 거주지 주민센터를 방문하여 신청하거나 정부24(www.gov.kr)에서 온라인으로 신청할 수 있습니다.

■ 상담사례

Q. 이혼한 전 배우자가 이사하는 곳마다 쫓아오고 한 번은 아이를 억지로 데려가려고 하기도 해서 스토킹으로 신고하고 보호시설에서 몸을 피하고 있는데요. 아무래도 제 주민등록번호를 이용해서 주소지를 알아내는 듯한데, 도움받을 방법이 있을까요?

A. 유출된 주민등록번호로 인해 생명·신체에 위해(危害)를 입거나 입을 우려가 있는 경우 또는 성폭력·가정폭력 등의 범죄피해자로서 유출된 주민등록번호로 인해 피해를 입거나 입을 우려가 있는 경우에는 주민등록번호 변경을 신청할 수 있습니다.
또한 주민등록표 열람 또는 등·초본의 교부 사실이 있는 경우 본인에게 알려주는 주민등록표의 열람 또는 등·초본의 교부사실 통보 서비스를 신청하거나, 본인이나 세대원이 아닌 사람에 대한 주민등록 등·초본 열람·발급제한을 신청할 수 있습니다
그 밖에도 피해자의 가족구성원이 초·중·고등학교·특수학교·각종학교의 학생인 경우 주소지 외의 지역에서 취학(입학·재입학·전학·편입학 포함)할 필요가 있을 때 그 취학이 원활히 이루어지도록 지원하는 비밀전학 지원제도도 이용할 수 있습니다.

Q. 스토킹 가해자에게 제 신상정보가 노출되어 불안한데, 이런 경우에도 주민등록번호 변경이 가능할까요?

A. 유출된 주민등록번호로 인해 생명·신체에 위해(危害) 또는 재산에 피해를 입거나 입을 우려가 있다고 인정되는 사람, 또는 성폭력·가정폭력범죄 등의 피해자로서 유출된 주민등록번호로 인해 피해를 입거나 입을 우려가 있다고 인정되는 사람은 주민등록번호 변경을 신청할 수 있습니다.

◇ 신청방법

주민등록번호 변경을 신청하려면 "주민등록번호 변경신청서"에 주민등록번호가 유출되었으며, 그로 인해 생명·신체에 위해 또는 재산에 피해를 입거나 입을 우려가 있음을 입증하는 자료를 첨부해서 주민등록지의 주민센터에 제출해야 합니다.

◇ 변경절차

변경신청 → 변경 결정 청구 → 사실조사 → 심사 및 의결 → 결과통지 → 심사결과 및 새 번호 통지

※ 주민등록번호 변경 후 신분증 재발급, 금융·휴대전화 변경신고 등을 잊지 마세요!

Part VI.

디지털 성범죄 알아보기

디지털 성범죄의 범위

1. "디지털 성범죄"란?

1-1. 디지털 성범죄의 뜻

★ 카메라 등 디지털 기기를 이용해 상대방의 동의 없이 신체 일부
나 성적인 장면을 불법 촬영하거나, 불법촬영물 등을 유포·유포
협박·저장·전시 또는 유통·소비하는 행위 및 사이버 공간에서 타
인의 성적 자율권과 인격권을 침해하는 행위를 모두 포괄하는 성
범죄를 의미합니다.

1-2. 디지털 성범죄의 유형

구 분	예 시
불법촬영	- 신체의 일부(치마 속, 뒷모습, 전신, 얼굴, 나체 등)나 특정 행위(용변 보는 행위, 성행위 등)를 촬영 · 공공 화장실에 이상한 휴지뭉치가 있길래 확인해보니 카메라가 설치되어 있었어요. · 애인과 숙박업소에서 자고 있는데 무언가 반짝여서 보니 카메라였어요.
유포·재유포	- 동의하에 촬영한 성적인 촬영물, 동의 없이 촬영한 성적인 촬영물을 단체대화방, SNS, 성인사이트, 커뮤니티 등에 동의 없이 유포 · 인터넷 커뮤니티에 저 모르게 촬영된 제 사진이 올라왔어요. · 헤어진 연인과 찍었던 성적 촬영물이 성인사이트에 올라간 것을 알게 됐어요.

	· 모델 아르바이트를 하며 찍은 노출사진이 계약서와 다르게 외부에 유출 되었어요.
유포 협박	- 성적 촬영물을 유포하겠다는 협박 · 헤어진 남자친구가 재회를 요구하며 성관계 동영상을 저의 가족, 지인들에게 유포하겠다고 말해요. · 저의 사진을 유포하겠다며 금전, 또 다른 촬영물을 요구해요.
허위영상물 제작 및 유포·재유포	- 음란물에 유명인이나 일반인의 얼굴을 합성·편집 - 피해자의 일상적 사진을 성적인 사진과 합성 후 유포
소지·구입· 저장·시청	- 불법촬영·유포물을 다운로드하거나 시청함
유통·소비	- 성인 사이트 등 플랫폼 사업자 및 이용자, 피해를 확산시키는 재유포자 - 영리 목적으로 불법촬영물의 유포 방조·협력 및 공유 등의 방식으로 소비
아동· 청소년 대상 성착취· 그루밍	- 미성년 피해자가 스스로 촬영하여 전송해 준 촬영물 유포를 협박의 수단으로 삼아 좀 더 높은 수위의 촬영물을 요구 - 취약한 상황에 처한 피해자에게 접근해 성적 대화를 반복하거나 친밀감을 쌓은 뒤 성적 행위를 하도록 유인
성적괴롭힘	- 사이버 공간 내에서 성적 내용을 포함한 명예훼손 또는 모욕 - 원치 않는 성적 이미지나 영상(링크) 제공 - SNS, 단톡방 등에서 성희롱(성적인 내용의 글을 담아 피해자의 일상 사진을 게시)

★ 디지털 성범죄는 '사이버 성범죄', '온라인 성폭력' 및 '디지털 성폭력'과 혼용되어 사용되기도 하고, 특정 행위를 일컫는 '불법촬영', '리벤지 포르노' 등과 혼용되어 사용되고 있습니다. 한편 디지털 성범죄는 '데이트 폭력', '스토킹' 등 오프라인 공간에서 발생하는 성적 폭력과 연속선상에 있기도 합니다.

2. 디지털 성범죄의 특징

2-1. 불법정보의 확장성

★ 디지털 기술은 이미지의 유포·합성·소비의 가능성을 무한대로 확장시키기 때문에 디지털 성범죄는 피해와 가해의 구도가 1대 다수를 이루고, 생산자와 소비자의 경계가 불분명해진 특징이 있습니다.

2-2. 범죄의 지속성·반복성

★ 전통적 유형의 성범죄들과 결합해 범죄가 지속되거나 반복·확대되고, 아래와 같은 특징으로 인해 피해·가해의 규모가 증가하고 있습니다.
- 행위자들의 불법성 인식이 낮아 위법행위가 널리 발생함.
- 항상성, 복제가능성, 변형가능성, 확산성 등 디지털 콘텐츠의 특성으로 인해 디지털 이미지를 이용한 피해는 무한히 확대될 위험이 있음.
- 공간의 익명성, 플랫폼의 보안성 등으로 증거 수집이 어렵고 은폐가 용이함.
- 아동·청소년, 지적장애인 등 피해자의 취약성을 이용한 범죄가 수월하게 발생하지만 그 발견이 어렵고, 성인 여성의 피해는 상대적으로 사소화됨.

디지털 성범죄의 유형

1. 카메라 등 이용 불법촬영

1-1. 카메라 등 이용 불법촬영의 금지

★ "카메라 등 이용 불법촬영"이란 카메라나 그 밖에 이와 유사한 기능을 갖춘 기계장치를 이용해 성적 욕망 또는 수치심을 유발할 수 있는 사람의 신체를 촬영대상자의 의사에 반해 촬영(이하 "불법촬영"이라 함)하는 행위(이하 "카메라 등 이용 촬영죄"라 함)를 말합니다.

★ 불법촬영한 부위가 "성적 욕망 또는 수치심을 유발할 수 있는 사람의 신체"에 해당하는지 여부는 객관적으로 피해자와 같은 성별, 연령대의 일반적이고도 평균적인 사람들의 입장에서 성적 욕망 또는 수치심을 유발할 수 있는 신체에 해당되는지 여부를 고려함과 아울러, 해당 피해자의 옷차림, 노출의 정도 등은 물론, 촬영자의 의도와 촬영에 이르게 된 경위, 촬영장소와 촬영 각도 및 촬영 거리, 촬영된 원판의 이미지, 특정 신체부위의 부각 여부 등을 종합적으로 고려해 구체적·개별적·상대적으로 판단합니다.

★ 이를 위반하여 카메라 등을 이용해 불법촬영을 한 자는 7년 이하의 징역 또는 5천만원 이하의 벌금에 처해집니다.

★ 상습으로 카메라 등 이용 촬영죄를 범한 때에는 형의 2분의 1까지 가중하며, 카메라 등 이용 촬영죄의 미수범도 처벌합니다.

■ 대법원판례

2. 촬영물 유포·재유포

2-1. 성폭력범죄의 처벌 등에 관한 특례법상 촬영물 유포·재유포의 금지
★ 카메라 등 이용 촬영물 또는 복제물(복제물의 복제물을 포함함.
  이하 같음)을 촬영대상자의 의사에 반해 반포·판매·임대·제공 또
  는 공공연하게 전시·상영(이하 "반포 등"이라 함)한 자 또는 그

촬영이 촬영 당시에는 촬영대상자의 의사에 반하지 않은 경우(자신의 신체를 직접 촬영한 경우를 포함함)에도 사후에 그 촬영물 또는 복제물을 촬영대상자의 의사에 반해 반포 등을 한 자는 7년 이하의 징역 또는 5천만원 이하의 벌금에 처해집니다.

★ 상습으로 촬영물을 반포 등을 한 때에는 형의 2분의 1까지 가중하며, 촬영물 유포의 미수범도 처벌합니다.

★ 영리를 목적으로 촬영대상자의 의사에 반해 정보통신망을 이용해 촬영물을 반포 등을 한 자는 3년 이상의 유기징역에 처해집니다. 이 경우에도 상습으로 촬영물을 유포한 때에는 형의 2분의 1까지 가중하며, 미수범도 처벌합니다.

★ 촬영물의 유포행위를 한 자는 반드시 촬영물을 촬영한 자와 동일인이어야 하는 것은 아니고, 그 촬영물은 누가 촬영한 것인지를 묻지 않습니다.

■ 대법원판례

※ 촬영물 유포행위를 처벌하는 취지 등에 관한 판례 (대법원 2018. 8. 1. 선고 2018도1481 판결 및 대법원 2016. 12. 27. 선고 2016도16676 판결 참조)

★ 「성폭력범죄의 처벌 등에 관한 특례법」에서 촬영행위뿐만 아니라 촬영물을 반포·판매·임대·제공 또는 공공연하게 전시·상영하는 행위까지 처벌하는 것은, 성적 욕망 또는 수치심을 유발할 수 있는 신체를 촬영한 촬영물이 인터넷 등 정보통신망을 통해 급속도로 광범위하게 유포됨으로써 피해자에게 엄청난

피해와 고통을 초래하는 사회적 문제를 감안하여, 죄책이나 비난가능성이 촬영행위 못지않게 크다고 할 수 있는 촬영물의 유포행위를 한 자를 촬영자와 동일하게 처벌하기 위함입니다.

★ 여기에서 '반포'는 불특정 또는 다수인에게 무상으로 내주는 것을 말하고, 계속적·반복적으로 전달하여 불특정 또는 다수인에게 반포하려는 의사를 가지고 있다면 특정한 1인 또는 소수의 사람에게 내주는 것도 반포에 해당할 수 있습니다.

★ 한편 '반포'와 별도로 열거된 '제공'은 '반포'에 이르지 않는 무상으로 내주는 행위를 말하며, '반포'할 의사 없이 특정한 1인 또는 소수의 사람에게 무상으로 내주는 것을 의미합니다.

2-2. 정보통신망 이용촉진 및 정보보호 등에 관한 법률상 불법정보의 유통 금지

★ 누구든지 정보통신망을 통해 다음에 해당하는 정보를 유통해서는 안 됩니다

  1. 음란물에 해당하는 정보
     - 음란한 부호·문언·음향·화상 또는 영상을 배포·판매·임대하거나 공공연하게 전시하는 내용의 정보.
     - 이를 위반하여 음란한 부호·문언·음향·화상 또는 영상을 배포·판매·임대하거나 공공연하게 전시한 자는 1년 이하의 징역 또는 1천만원 이하의 벌금에 처해집니다.

  2. 사람의 명예를 훼손하는 내용의 정보
     - 사람을 비방할 목적으로 공공연하게 사실이나 거짓의 사실

을 드러내어 타인의 명예를 훼손하는 내용의 정보.

3. 개인정보 침해에 해당하는 정보
   - 정보통신망 이용촉진 및 정보보호 등에 관한 법률 또는 개인정보
     보호에 관한 법령을 위반하여 개인정보를 거래하는 내용의 정보

4. 디지털 성범죄를 목적으로 하는 등의 내용의 정보(카메라 등
   이용 촬영물 등) 등

5. 그 밖에 범죄를 목적으로 하거나 교사(敎唆) 또는 방조하는
   내용의 정보

3. 촬영물 유포 협박·강요

3-1. 성폭력범죄의 처벌 등에 관한 특례법상 성적 촬영물 이용 협박·강요의 금지

★ "성적 촬영물"이란 성적 욕망 또는 수치심을 유발할 수 있는 촬
영물 또는 복제물(복제물의 복제물을 포함함. 이하 "성적 촬영
물"이라 함)을 말합니다.

★ 성적 촬영물을 이용해 사람을 협박한 때(이하 "촬영물 이용 협박
죄"라 함)에는 1년 이상의 유기징역에 처해집니다.

★ 성적 촬영물을 이용한 협박으로 사람의 권리행사를 방해하거나
의무 없는 일을 하게 한 때(이하 "촬영물 이용 강요죄"라 함)에
는 3년 이상의 유기징역에 처해집니다.

★ 상습으로 촬영물 이용 협박죄·강요죄를 범한 경우에는 그 죄에
정한 형의 2분의 1까지 가중합니다.

★ 촬영물 이용 협박죄·강요죄의 미수범도 처벌합니다.

3-2. 형법상 협박·강요의 금지

★ 성적 촬영물을 이용해 사람을 협박한 경우, 그 협박으로 사람의 권리행사를 방해하거나 의무 없는 일을 하게 한 경우에는 성폭력범죄의 처벌 등에 관한 특례법 뿐만 아니라 형법상 금지행위에도 해당합니다.

★ 사람을 협박한 때(이하 "협박죄"라 함)에는 3년 이하의 징역, 500만원 이하의 벌금, 구류 또는 과료에 처해집니다.

★ 협박죄는 피해자의 명시한 의사에 반해 공소를 제기할 수 없습니다.

★ 상습으로 협박죄를 범한 때에는 형의 2분의 1까지 가중하며, 협박죄의 미수범도 처벌합니다.

★ 폭행 또는 협박으로 사람의 권리행사를 방해하거나 의무 없는 일을 하게 한 때(이하 "강요죄"라 함)에는 5년 이하의 징역 또는 3천만원 이하의 벌금에 처해집니다.

★ 강요죄의 미수범도 처벌합니다.

허위영상물 제작 및 유포·재유포

1. 허위영상물 등 제작의 금지

★ "허위영상물 등"이란 사람의 얼굴·신체 또는 음성을 대상으로 한 촬영물·영상물 또는 음성물(이하 "영상물 등"이라 함)을 영상물 등의 대상자의 의사에 반해 성적 욕망 또는 수치심을 유발할 수 있는 형태로 편집·합성 또는 가공(이하 "편집 등"이라 함)한 편집물·합성물·가공물(이하 "편집물 등"이라 함)을 말합니다.

★ 반포·판매·임대·제공 또는 공공연하게 전시·상영(이하 "반포 등"이라 함)할 목적으로 영상물 등을 영상물 등의 대상자의 의사에 반해 성적 욕망 또는 수치심을 유발할 수 있는 형태로 편집 등을 한 자는 5년 이하의 징역 또는 5천만원 이하의 벌금에 처해집니다.

★ 상습으로 반포 등을 할 목적의 허위영상물 등을 제작한 때에는 형의 2분의 1까지 가중합니다.

★ 허위영상물 제작의 미수범도 처벌합니다.

2. 허위영상물 등 또는 복제물의 유포·재유포 금지

★ 편집물 등 또는 복제물(복제물의 복제물을 포함함. 이하 같음)을 반포 등을 한 자 또는 편집 등을 할 당시에는 영상물 등의 대상자의 의사에 반하지 않은 경우에도 사후에 그 편집물 등 또는 복제물을 영상물 등의 대상자의 의사에 반해 반포 등을 한 자는 5년 이하의 징역 또는 5천만원 이하의 벌금에 처해집니다.

★ 상습으로 허위영상물 또는 복제물을 반포 등을 한 때에는 형의 2분의 1까지 가중하며, 허위영상물 또는 복제물 반포 등의 미수범도 처벌합니다.

★ 영리를 목적으로 영상물 등의 대상자의 의사에 반해 정보통신망을 이용해 허위영상물 등 또는 복제물을 반포 등을 한 자는 7년 이하의 징역에 처해집니다. 이 경우 상습으로 허위영상물 등 또는 복제물을 반포 등을 한 때에는 형의 2분의 1까지 가중하며, 그 미수범도 처벌합니다.

3. 촬영물 또는 복제물 소지·구입·저장 또는 시청 금지

★ 카메라나 그 밖에 이와 유사한 기능을 갖춘 기계장치를 이용해 성적 욕망 또는 수치심을 유발할 수 있는 사람의 신체를 촬영대상자의 의사에 반해 촬영한 촬영물 또는 복제물(복제물의 복제물을 포함함. 이하 같음) 또는 그 촬영이 촬영 당시에는 촬영대상자의 의사에 반하지 않은 경우(자신의 신체를 직접 촬영한 경우를 포함함)에도 사후에 그 촬영대상자의 의사에 반해 반포·판매·임대·제공 또는 공공연하게 전시·상영한 촬영물 또는 복제물을 소지·구입·저장 또는 시청한 자는 3년 이하의 징역 또는 3천만원 이하의 벌금에 처해집니다.

Q. 몰래 찍힌 사진, 몰래 유포한 영상 등을 다운로드 하거나 보기만 해도 죄가 되나요?

A. 디지털 성범죄 촬영물 또는 복제물을 소지·구입·저장 또는 시청한 자는 3년 이하의 징역 또는 3천만원 이하의 벌금에 처해질 수 있습니다(「성폭력범죄의 처벌 등에 관한 특례법」 제14조제4항). 다운로드하거나 보는 것 역시 불법촬영, 유포와 마찬가지로 명백한 가해 행위입니다. 피해촬영물 소지·구입·저장·시청이 만연하다면 디지털 성범죄 피해자가 가장 원치 않는 '유포'는 근절될 수 없기 때문입니다.

아동, 청소년 대상

1. 아동·청소년 성착취물의 제작 및 배포 등

1-1. "아동·청소년 성착취물"이란?

★ "아동·청소년"이란 19세 미만의 사람을 말합니다. 다만, 19세에 도달하는 연도의 1월 1일을 맞이한 사람은 제외합니다.

★ "아동·청소년 성착취물"이란 아동·청소년 또는 아동·청소년으로 명백하게 인식될 수 있는 사람이나 표현물이 등장해 다음의 어느 하나에 해당하는 행위를 하거나 그 밖의 성적 행위를 하는 내용을 표현하는 것으로서 필름·비디오물·게임물 또는 컴퓨터나 그 밖의 통신매체를 통한 화상·영상 등의 형태로 된 것을 말합니다.
  - 성교 행위
  - 구강·항문 등 신체의 일부나 도구를 이용한 유사 성교 행위
  - 신체의 전부 또는 일부를 접촉·노출하는 행위로서 일반인의 성적 수치심이나 혐오감을 일으키는 행위
  - 자위 행위

1-2. 아동·청소년 성착취물의 제작 및 배포 등의 금지

★ 아동·청소년 성착취물을 제작·수입 또는 수출한 자는 무기징역 또는 5년 이상의 유기징역에 처해집니다.

★ 상습적으로 아동·청소년 성착취물을 제작·수입 또는 수출한 자는 형의 2분의 1까지 가중합니다.

★ 아동·청소년 성착취물 제작·수입 또는 수출 행위의 미수범도 처벌합니다.

★ 영리를 목적으로 아동·청소년성 착취물을 판매·대여·배포·제공하거나, 이를 목적으로 소지·운반·광고·소개하거나 공연히 전시 또는 상영한 자는 5년 이상의 징역에 처해집니다.

★ 아동·청소년 성착취물을 배포·제공하거나, 이를 목적으로 광고·소개하거나 공연히 전시 또는 상영한 자는 3년 이상의 징역에 처해집니다.

★ 아동·청소년 성착취물을 제작할 것이라는 정황을 알면서 아동·청소년을 아동·청소년 성착취물의 제작자에게 알선한 자는 3년 이상의 징역에 처해집니다.

★ 아동·청소년 성착취물을 구입하거나, 아동·청소년 성착취물임을 알면서 소지·시청한 자는 1년 이상의 징역에 처해집니다.

2. 아동·청소년의 성을 사는 행위 등

2-1. "아동·청소년의 성을 사는 행위"란?

★ "아동·청소년의 성을 사는 행위"란 아동·청소년, 아동·청소년의 성(性)을 사는 행위를 알선한 자 또는 아동·청소년을 실질적으로 보호·감독하는 자 등에게 금품이나 그 밖의 재산상 이익, 직무·편의제공 등 대가를 제공하거나 약속하고 다음의 어느 하나에 해당하는 행위를 아동·청소년을 대상으로 하거나 아동·청소년에게 하게 하는 것을 말합니다.
  - 성교 행위
  - 구강·항문 등 신체의 일부나 도구를 이용한 유사 성교 행위
  - 신체의 전부 또는 일부를 접촉·노출하는 행위로서 일반인의 성

적 수치심이나 혐오감을 일으키는 행위
- 자위 행위

2-2. 아동·청소년의 성을 사는 행위 등의 금지

★ 아동·청소년의 성을 사는 행위를 한 자는 1년 이상 10년 이하의 징역 또는 2천만원 이상 5천만원 이하의 벌금에 처해집니다.

★ 아동·청소년의 성을 사기 위해 아동·청소년을 유인하거나 성을 팔도록 권유한 자는 3년 이하의 징역 또는 3천만원 이하의 벌금에 처해집니다.

★ 16세 미만의 아동·청소년 및 장애 아동·청소년을 대상으로 다음 어느 하나에 해당하는 위반행위를 범한 경우 그 죄에 정한 형의 2분의 1까지 가중처벌합니다.
- 아동·청소년의 성을 사는 행위
- 아동·청소년의 성을 사기 위해 아동·청소년을 유인하거나 성을 팔 도록 권유한 행위

★ 아동·청소년에 대해 아동·청소년의 성을 사는 행위의 상대방이 되도록 유인·권유한 자는 7년 이하의 징역 또는 5천만원 이하의 벌금에 처해집니다.

3. 아동·청소년 매매행위

3-1. 아동·청소년 매매행위의 금지

★ 아동·청소년의 성을 사는 행위 또는 아동·청소년 성착취물을 제작하는 행위의 대상이 될 것을 알면서 아동·청소년을 매매 또는 국외에 이송하거나 국외에 거주하는 아동·청소년을 국내에 이송

한 자는 무기징역 또는 5년 이상의 징역에 처해집니다.

★ 아동·청소년 매매행위의 미수범도 처벌합니다.

3-2. 아동·청소년에 대한 강요행위 등의 금지

★ 아동·청소년에 대해 다음의 어느 하나에 해당하는 행위를 한 자는 5년 이상의 유기징역에 처해집니다.

1. 폭행이나 협박으로 아동·청소년에게 아동·청소년의 성을 사는 행위의 상대방이 되게 한 경우
2. 선불금(先拂金), 그 밖의 채무를 이용하는 등의 방법으로 아동·청소년을 곤경에 빠뜨리거나 위계 또는 위력으로 아동·청소년에게 아동·청소년의 성을 사는 행위의 상대방이 되게 한 경우
3. 업무·고용이나 그 밖의 관계로 자신의 보호 또는 감독을 받는 것을 이용해 아동·청소년에게 아동·청소년의 성을 사는 행위의 상대방이 되게 한 경우
4. 영업으로 아동·청소년을 아동·청소년의 성을 사는 행위의 상대방이 되도록 유인·권유한 경우

★ 위의 1.부터 3.까지의 행위를 범한 자가 그 대가의 전부 또는 일부를 받거나 이를 요구 또는 약속한 때에는 7년 이상의 유기징역에 처하며, 그 미수범도 처벌합니다.

★ 위의 1.부터 4.까지의 행위의 미수범도 처벌합니다.

4. 아동·청소년에 대한 성착취 목적 대화 등

★ 19세 이상의 사람이 성적 착취를 목적으로 정보통신망을 통해 아동·청소년에게 다음의 어느 하나에 해당하는 행위를 한 경우에

는 3년 이하의 징역 또는 3천만원 이하의 벌금에 처해집니다.
- 성적 욕망이나 수치심 또는 혐오감을 유발할 수 있는 대화를 지속적 또는 반복적으로 하거나, 그러한 대화에 지속적 또는 반복적으로 참여시키는 행위
- 다음 어느 하나에 해당하는 행위를 하도록 유인·권유하는 행위
  · 성교 행위
  · 구강·항문 등 신체의 일부나 도구를 이용한 유사 성교 행위
  · 신체의 전부 또는 일부를 접촉·노출하는 행위로서 일반인의 성적 수치심이나 혐오감을 일으키는 행위
  · 자위 행위

★ 19세 이상의 사람이 정보통신망을 통해 16세 미만인 아동·청소년에게 다음의 어느 하나에 해당하는 행위를 한 경우에는 3년 이하의 징역 또는 3천만원 이하의 벌금에 처해집니다.
- 성적 욕망이나 수치심 또는 혐오감을 유발할 수 있는 대화를 지속적 또는 반복적으로 하거나, 그러한 대화에 지속적 또는 반복적으로 참여시키는 행위
- 다음 어느 하나에 해당하는 행위를 하도록 유인·권유하는 행위
  · 성교 행위
  · 구강·항문 등 신체의 일부나 도구를 이용한 유사 성교 행위
  · 신체의 전부 또는 일부를 접촉·노출하는 행위로서 일반인의 성적 수치심이나 혐오감을 일으키는 행위
  · 자위 행위

5. 성적 학대행위 등의 금지

★ "아동"이란 18세 미만인 사람을 말하고, 아동에 대한 성적 침해 또는 착취행위는 아동·청소년의 성보호에 관한 법률뿐만 아니라 아동복지법상 금지행위에도 해당합니다.

★ 누구든지 다음의 어느 하나에 해당하는 행위를 해서는 안 됩니다.
  - 아동에게 음란한 행위를 시키거나 이를 매개하는 행위
  - 아동에게 성적 수치심을 주는 성희롱 등의 성적 학대행위

★ 이를 위반한 자는 10년 이하의 징역 또는 1억원 이하의 벌금에 처해집니다.

사이버 공간내 성적 괴롭힘

1. 온라인을 통한 성적 괴롭힘

★ "사이버 공간 내 성적 괴롭힘"이란 온라인을 통해 상대방에게 성적 수치심을 일으키는 그림을 전송하거나, 디지털 성범죄 피해자의 신상정보 등을 공개적으로 유포하거나, 성적으로 명예훼손 또는 모욕하는 행위를 모두 포괄하는 개념입니다.

★ 동의 없이 상대의 신체, 사생활, 성행위를 촬영하거나 유포·유포협박·저장·전시하는 행위뿐 아니라 사이버 공간에서 이루어지는 성적 괴롭힘도 디지털 성범죄입니다. 휴대폰, 컴퓨터, 인터넷 등 디지털 기술을 매개로 타인의 성적 자율권과 인격권을 침해하는 행위라면 어디에서 누구에 의해 발생한 것이든 모두 디지털 성범죄가 될 수 있습니다.

2. 금지행위의 유형

2-1. 통신매체를 이용한 음란행위

★ 자기 또는 다른 사람의 성적 욕망을 유발하거나 만족시킬 목적으로 전화, 우편, 컴퓨터, 그 밖의 통신매체를 통해 성적 수치심이나 혐오감을 일으키는 말, 음향, 글, 그림, 영상 또는 물건을 상대방에게 도달하게 한 사람은 2년 이하의 징역 또는 2천만원 이하의 벌금에 처해집니다.

★ 법인의 대표자나 법인 또는 개인의 대리인, 사용인, 그 밖의 종업

원이 그 법인 또는 개인의 업무에 관해 이를 위반하면 그 행위자를 벌하는 외에 그 법인 또는 개인에게도 벌금형을 과(科)합니다. 다만, 법인 또는 개인이 그 위반행위를 방지하기 위해 해당 업무에 관해 상당한 주의와 감독을 게을리하지 않은 경우는 제외합니다.

2-2. 디지털 성범죄 피해자의 신상정보 등을 유포

★ 피해자의 주소, 성명, 나이, 직업, 학교, 용모, 그 밖에 피해자를 특정해 파악할 수 있는 인적사항이나 사진 등을 피해자의 동의를 받지 않고 신문 등 인쇄물에 싣거나, 방송법에 따른 텔레비전·라디오·데이터 및 이동멀티미디어 방송(이하 "방송"이라 함) 또는 정보통신망을 통해 공개한 자는 3년 이하의 징역 또는 3천만원 이하의 벌금에 처해집니다.

★ 피해자가 아동·청소년인 경우, 해당 아동·청소년의 주소·성명·연령·학교 또는 직업·용모 등 그 아동·청소년을 특정해 파악할 수 있는 인적사항이나 사진 등을 신문 등 인쇄물에 싣거나, 방송 또는 정보통신망을 통해 공개한 자는 7년 이하의 징역 또는 5천만원 이하의 벌금에 처해집니다. 이 경우 징역형과 벌금형은 병과할 수 있습니다.

★ 법인의 대표자나 법인 또는 개인의 대리인, 사용인, 그 밖의 종업원이 그 법인 또는 개인의 업무에 관해 이를 위반하여 피해아동·청소년의 인적사항과 사진 등을 공개한 때에는 그 행위자를 벌하는 외에 그 법인 또는 개인에게도 벌금형을 과(科)합니다. 다만, 법인 또는 개인이 그 위반행위를 방지하기 위해 해당 업무에 관해 상당한 주의와 감독을 게을리하지 않은 경우는 제외합니다.

2-3. 정보통신망 이용촉진 및 정보보호 등에 관한 법률상 명예훼손

★ 사람을 비방할 목적으로 정보통신망을 통해 공공연하게 사실을 드러내어 다른 사람의 명예를 훼손한 자는 3년 이하의 징역 또는 3천만원 이하의 벌금에 처해집니다.

★ 사람을 비방할 목적으로 정보통신망을 통해 공공연하게 거짓의 사실을 드러내어 다른 사람의 명예를 훼손한 자는 7년 이하의 징역, 10년 이하의 자격정지 또는 5천만원 이하의 벌금에 처해집니다.

★ 이 죄는 피해자가 구체적으로 밝힌 의사에 반해 공소를 제기할 수 없습니다.

2-4. 형법상 명예훼손·모욕

★ 정보통신망을 통해 다른 사람의 명예를 훼손한 경우 정보통신망 이용촉진 및 정보보호 등에 관한 법률 뿐만 아니라 형법상 금지 행위에도 해당합니다.

★ 공연히 사실을 적시해 사람의 명예를 훼손한 자는 2년 이하의 징역이나 금고 또는 500만원 이하의 벌금에 처해집니다.

★ 공연히 허위의 사실을 적시해 사람의 명예를 훼손한 자는 5년 이하의 징역, 10년 이하의 자격정지 또는 1천만원 이하의 벌금에 처해집니다.

★ 형법 제307조의 죄는 피해자의 명시한 의사에 반해 공소를 제기할 수 없습니다.

★ 공연히 사람을 모욕한 자는 1년 이하의 징역이나 금고 또는 200만원 이하의 벌금에 처해집니다.

★ 형법 제311조의 죄는 고소가 있어야 공소를 제기할 수 있습니다.

디지털 성범죄 통념깨기

1. 성관계 영상 촬영에 동의했으면 유포되는 것도 자기 책임이다? No!

★ 동의 없이 성적 촬영물이 유포되었다면 디지털 성범죄입니다. 촬영에 대한 동의는 결코 유포에 대한 동의를 포함하지 않기 때문입니다. 촬영 당시에 동의하였더라도 사후에 의사에 반하여 유포한 경우 성폭력처벌법 제14조에 의거하여 처벌할 수 있습니다.

2. 몰래 찍힌 사진, 몰래 유포한 영상 등을 다운로드 하거나 보기만 하는 것은 죄가 아니다? No!

★ 성폭력처벌법 제14조 제4항에 의거 디지털 성범죄 촬영물 또는 복제물을 소지·구입·저장 또는 시청한 자는 3년 이하의 징역 또는 3천만원 이하의 벌금에 처할 수 있습니다. 다운로드하거나 보는 것 역시 불법촬영, 유포와 마찬가지로 명백한 가해 행위입니다. 피해촬영물 소지·구입·저장·시청이 만연하다면 디지털 성범죄 피해자가 가장 원치 않는 '유포'는 근절될 수 없기 때문입니다.

3. 디지털 장의사에게 의뢰하는 게 가장 좋은 방법이다? No!

★ 여성가족부 산하기관인 디지털성범죄피해자지원센터의 경우 삭제 지원 비용이 무료이며, 삭제지원 외의 상담, 성폭력 피해자 지원 제도 연계(수사·법률·의료) 등 다양한 지원을 받을 수 있습니다. 또한 경찰청, 방송통신심의위원회 등 유관기관과의 협력, 개인정보·신고 내용의 비밀 보장 및 자료의 보안의 차원에서도 신뢰성을 바탕으로 지원하고 있습니다.

4. 과거에 유포한 가해자를 신고하고 피해촬영물을 삭제 이후 재유포되면 지원받을 수 없다? No!

★ 디지털 성범죄는 사이버 공간을 매개로 하기 때문에 삭제한 영상이 재유포되는 등 피해가 재발생, 재확산되는 경우가 많습니다. 디지털 성범죄 피해자 지원센터는 재유포 피해 또한 지원하고 있으며, 제공받을 수 있는 지원에 차이를 두고 있지 않습니다. 따라서 디지털 성범죄 피해자 지원센터에서 지원을 받을 수 있습니다.

디지털 성범죄 발생시 대처방법 및 피해예방

1. 신고 및 상담

1-1. 피해 신고·상담 전문기관

구분	바로가기 및 연락처
한국여성인권진흥원 디지털 성범죄 피해자 지원센터	- 상담 신청 (전화 02-735-8994, 365일 24시간 상담)
불법촬영물등 신고·삭제 요청 기관	- 전국 불법촬영물등 신고·삭제 요청 기관·단체
여성폭력 사이버 상담소	- 채팅 상담실 - 게시판 상담실 (여성긴급전화 1366, 365일 24시간 상담)
성폭력피해상담소	- 전국 성폭력피해상담소 연락처
해바라기센터	- 전국 해바라기센터 연락처
경찰청 사이버수사국	- 사이버범죄 신고시스템(신고·상담·제보) (긴급신고 112, 365일 24시간 상담)
청소년사이버상담센터	- 온라인(채팅/게시판 등)·카카오톡 및 문자 상담 (청소년전화 1388, 365일 24시간 상담)

1-2. 증거 수집

★ 피해 사실을 알게 된 경우 가장 중요한 것은 증거 수집입니다.

★ 대응을 결심했다면 이것부터 합니다.

　- 디지털 성범죄를 인지한 경로와 사건의 정황을 정리하고 증거

를 최대한 수집합니다.

- 상대방에 대한 정보, 피해촬영물 등 채증과 스크린샷, 게시물 링크 등의 증거를 수집합니다.
- 시간 순서에 따라 사건에 대해 기록합니다.
- 삭제지원 사설(영리)업체를 이용할 때에는 주의해야 합니다. 이후 가해자 처벌 및 배상 등에 관한 문제 해결 절차에서 증거 확보가 어려울 수도 있습니다.

2. 피해자 신상정보 및 불법촬영물 등 삭제요청

2-1. 정보통신망을 통한 피해자 신상정보 등 삭제요청

★ 정보통신망을 통해 일반에게 공개를 목적으로 제공된 정보로 사생활 침해나 명예훼손 등 타인의 권리가 침해된 경우, 그 침해를 받은 자는 해당 정보를 처리한 전기통신사업자와 영리를 목적으로 전기통신사업자의 전기통신역무를 이용해 정보를 제공하거나 정보의 제공을 매개하는 자(이하 "정보통신서비스 제공자"라 함)에게 침해사실을 소명해 그 정보의 삭제를 요청(이하 "삭제요청"이라 함)할 수 있습니다.

★ 정보통신서비스 제공자는 삭제요청을 받으면 지체 없이 삭제·임시조치 등의 필요한 조치를 하고 즉시 신청인 및 정보게재자에게 알려야 합니다. 이 경우 정보통신서비스 제공자는 필요한 조치를 한 사실을 해당 게시판에 공시하는 등의 방법으로 이용자가 알 수 있도록 해야 합니다.

2-2. 전기통신사업자의 불법촬영물 등 삭제·접속차단 조치

★ 부가통신사업을 신고한 자(전기통신사업법 제22조제4항 각 호의 어느 하나에 해당하는 자를 포함함) 및 특수유형부가통신사업자 중 저작권법에 따라 다른 사람들 상호 간에 컴퓨터를 이용해 저작물 등을 전송하도록 하는 것을 주된 목적으로 하는 온라인서비스제공자(이하 "조치의무사업자"라 함)는 자신이 운영·관리하는 정보통신망을 통해 일반에게 공개되어 유통되는 정보 중 다음의 정보(이하 "불법촬영물 등"이라 함)가 유통되는 사정을 신고, 삭제요청 또는 한국여성인권진흥원, 방송통신위원회가 고시한 기관·단체 등의 요청 등을 통해 인식한 경우에는 지체 없이 해당 정보의 삭제·접속차단 등 유통방지에 필요한 조치를 취해야 합니다.

- 카메라나 그 밖에 이와 유사한 기능을 갖춘 기계장치를 이용해 성적 욕망 또는 수치심을 유발할 수 있는 사람의 신체를 촬영대상자의 의사에 반해 촬영한 촬영물 또는 복제물 또는 그 촬영이 촬영 당시에는 촬영대상자의 의사에 반하지 않은 경우(자신의 신체를 직접 촬영한 경우를 포함함)에도 사후에 그 촬영대상자의 의사에 반해 반포·판매·임대·제공 또는 공공연하게 전시·상영한 촬영물 또는 복제물(복제물의 복제물을 포함함. 이하 같음)

- 반포·판매·임대·제공 또는 공공연하게 전시·상영할 목적으로 사람의 얼굴·신체 또는 음성을 대상으로 한 촬영물·영상물 또는 음성물을 그 대상자의 의사에 반해 성적 욕망 또는 수치심을 유발할 수 있는 형태로 편집·합성 또는 가공한 편집물·합성물·가공물 또는 복제물

- 아동·청소년 또는 아동·청소년으로 명백하게 인식될 수 있는

사람이나 표현물이 등장해 다음의 어느 하나에 해당하는 행위를 하거나 그 밖의 성적 행위를 하는 내용을 표현하는 것으로서 필름·비디오물·게임물 또는 컴퓨터나 그 밖의 통신매체를 통한 화상·영상 등의 형태로 된 아동·청소년 성착취물

· 성교 행위

· 구강·항문 등 신체의 일부나 도구를 이용한 유사 성교 행위

· 신체의 전부 또는 일부를 접촉·노출하는 행위로서 일반인의 성적 수치심이나 혐오감을 일으키는 행위

· 자위 행위

★ 불법촬영물 등의 신고 또는 삭제요청을 하려는 자는 전기통신사업법 시행령 별지 서식의 불법촬영물등 유통 신고·삭제요청서 또는 같은 서식의 내용이 포함되도록 작성한 문서를 조치의무사업자에게 제출해야 합니다.

3. 예방 및 대응

3-1. 디지털 성범죄 등 성폭력 예방교육

★ 다음의 기관 또는 단체는 해당 기관·단체에 소속된 사람 및 학생 등을 대상으로 매년 1회 이상, 1시간 이상의 성교육 및 성폭력 예방교육 실시, 기관 내 피해자 보호와 피해 예방을 위한 자체 예방지침 마련, 사건발생 시 재발방지대책 수립·시행 등 필요한 조치를 하고, 그 결과를 여성가족부장관에게 제출해야 합니다. 이 경우 기관·단체에 신규임용된 사람에 대해서는 임용된 날부터 2개월 이내에 교육을 실시해야 합니다.

- 국가기관 및 지방자치단체의 장

- 유치원의 장
- 어린이집의 원장
- 각급 학교의 장
- 학교 및 그 밖에 다른 법령에 따라 설립·운영되는 학교
- 인사혁신처장이 관보에 공직유관단체로 고시한 기관·단체

3-2. 불법촬영물 등 유통방지를 위한 전기통신사업자 교육

★ 정보통신망 이용촉진 및 정보보호 등에 관한 법률 시행령에 따른 일정 규모 이상의 사업자는 자신이 운영·관리하는 정보통신망을 통해 일반에게 공개되어 유통되는 정보 중 불법촬영물 등의 유통을 방지하기 위한 책임자(이하 "불법촬영물 등 유통방지 책임자"라 함)를 지정해야 하며, 불법촬영물 등 유통방지 책임자는 방송통신위원회가 관련 기관·단체와 협력해 실시하는 다음의 내용을 포함한 2시간 이상의 교육(정보통신망을 이용한 원격교육을 포함함)을 매년 받아야 합니다.
- 불법촬영물 등의 유통방지 관련 제도 및 법령에 관한 사항
- 불법촬영물 등의 삭제·접속차단 등 유통방지에 필요한 조치에 관한 사항
- 불법촬영물 등에 대한 방송통신심의위원회의 심의 기준에 관한 사항
- 그 밖에 불법촬영물 등의 유통방지를 위해 방송통신위원회가 필요하다고 인정하는 사항

4. 공동체에서 디지털 성범죄에 대응하는 방법

4-1. 내가 학생이라면

- 가해 사실에 동참하지 않고 가해자를 무색하기 만들기
- 피해 사실을 피해자나 신고센터에 알려주기
- 예방 활동이나 캠페인을 만들거나 참여, 기부를 통해 힘을 실어주기
- 디지털 매체를 활용해 피해 상황에 참여한 이들의 속마음을 드러내는 영상이나, 문제의식을 나눌 수 있는 플랫폼 만들기
- 학내 사건처리 한계를 점검하고 학교에 필요한 지원과 시정을 요구하기
- 학교 내 성폭력처리절차를 통한 결과가 부당한 경우에는 다른 학교 내 다른 학생소모임, 다른 학교의 학생자치단체와 연계하여 피해자를 지지할 수 있습니다.

4-2. 직장에서는

★ 디지털 성범죄는 모르는 사이에서도 많이 발생하지만, 직장 내 아는 관계에서도 다양한 형태로 나타납니다. 직장 내부공간에서 발생하는 불법촬영을 비롯해 직장 내부 게시판 및 소통, 단톡방에서의 이미지·영상물 유포, 악플, 성적 희롱 등이 발생하는 경우도 많아지고 있습니다.

★ 직장 내에서 디지털 성범죄의 발생이 확인된 경우 사업주는 관련 법률에 따라 지체 없이 해당 행위자에 대해 징계를 내리거나 이에 준하는 조치를 시행해야 합니다.

★ 직장 등 고용관계에서의 성희롱을 비롯한 디지털 성범죄 발생 시 그 피해자 등에게 해고나 그 밖의 불리한 조치를 해서는 안 되며, 사업주가 이를 위반한 경우에는 3년 이하의 징역 또는 3천만원 이하의 벌금에 처해집니다.

4-3. 교수 및 상담소 관련 종사자의 역할

★ 교수자로서의 책무를 자각하고, 수업이나 면담을 통해 학생들이 디지털 정보나 여성의 섹슈얼리티를 왜곡되게 인식하거나 확증 편향된 정보를 맹신하는 경향을 지적합니다.

★ 사건 발생에 필요한 조치를 시행합니다. 디지털 성범죄를 포함한 성폭력 발생 사실을 인지한 경우 피해자와 가해자 분리, 응급 및 안전조치 등 필요한 조치를 시행해야 합니다.

★ 피해 사실을 알게 되었을 때 유의하세요. 피해자가 신속하게 대응할 수 있도록 디지털 성범죄 피해자 지원센터 또는 성폭력피해상담소 등에 도움을 요청할 수 있도록 안내합니다.

★ 사건 처리 과정에서 취득한 개인정보도 조심히 다뤄주세요

디지털 성범죄 피해자 보호 및 지원

1. 피해자에 대한 보호제도

1-1. 전기통신사업자 등의 청소년 유해매체물 표시 및 기술적 조치의무

1-1-1. 청소년 유해매체물의 표시의무 및 표시방법

★ 전기통신사업자의 전기통신역무를 이용해 일반에게 공개를 목적으로 정보를 제공하는 자(이하 "정보제공자"라 함) 중 청소년 유해매체물을 제공하려는 자는 다음의 표시방법에 따라 그 정보가 청소년 유해매체물임을 표시해야 합니다.

- 19세 미만의 사람은 이용할 수 없다는 취지의 내용을 누구나 쉽게 확인할 수 있도록 음성·문자 또는 영상으로 표시해야 함.
- 청소년 유해매체물 표시를 해야 하는 자 중 인터넷을 이용해 정보를 제공하는 자의 경우에는 기호·부호·문자 또는 숫자를 사용해 청소년 유해매체물임을 나타낼 수 있는 전자적 표시도 함께 해야 함.
- 그 밖에 정보의 유형 등을 고려한 표시의 구체적 방법에 따름.

★ 청소년 유해매체물임을 표시하지 않고 영리를 목적으로 제공한 자는 2년 이하의 징역 또는 2천만원 이하의 벌금에 처해집니다.

1-1-2. 표시방법을 지키지 않은 청소년 유해매체물의 삭제의무

★ 전기통신사업자와 영리를 목적으로 전기통신사업자의 전기통신역무를 이용해 정보를 제공하거나 정보의 제공을 매개하는 자(이하

"정보통신서비스 제공자"라 함)는 자신이 운영·관리하는 정보통신망에 청소년 유해매체물의 표시방법을 지키지 않은 매체물이 게재되어 있는 경우에는 지체 없이 그 내용을 삭제해야 합니다.

1-1-3. 청소년 유해매체물 표시를 위한 기술적 조치의무

★ 특수한 유형의 부가통신사업을 등록한 자(이하 "특수유형부가통신사업자"라 함) 중 「저작권법」에 따라 다른 사람들 상호 간에 컴퓨터를 이용해 저작물 등을 전송하도록 하는 것을 주된 목적으로 하는 온라인서비스제공자(이하 "특수한 유형의 온라인서비스제공자"라 함)에 해당하는 자는 청소년 유해매체물 표시의 이행을 위한 기술적 조치를 해야 합니다.

★ 이를 위반하여 기술적 조치를 하지 않은 자는 5천만원 이하의 과태료를 부과받습니다.

★ 청소년 유해매체물 표시를 위한 기술적 조치를 하지 않아 방송통신위원회가 요청한 경우 과학기술정보통신부장관은 특수한 유형의 부가통신사업 등록의 전부 또는 일부의 취소를 명하거나 1년 이내의 기간을 정해 사업의 전부 또는 일부의 정지를 명할 수 있습니다.

1-2. 불법음란정보의 유통 방지를 위한 기술적 조치의무
1-2-1. 정보통신망을 통한 불법음란정보의 유통금지

★ 누구든지 정보통신망을 통해 음란한 부호·문언·음향·화상 또는 영상을 배포·판매·임대하거나 공공연하게 전시하는 내용의 정보(이하 "불법음란정보"라 함)를 유통해서는 안 됩니다.

★ 이를 위반하여 음란한 부호·문언·음향·화상 또는 영상을 배포·판

매·임대하거나 공공연하게 전시한 자는 1년 이하의 징역 또는 1
천만원 이하의 벌금에 처해집니다.

1-2-2. 불법음란정보 유통 방지를 위한 기술적 조치의무

★ 전기통신사업법에 따른 특수유형부가통신사업자 중 저작권법에 따
른 특수한 유형의 온라인서비스제공자에 해당하는 자는 불법음란정
보의 유통 방지를 위해 다음의 모든 기술적 조치를 취해야 합니다.

    1. 전기통신사업법에 따른 특수유형부가통신사업자 중 저작권법
에 따른 특수한 유형의 온라인서비스제공자의 부가통신역무를
제공하는 자(이하 "사업자"라 함)가 정보의 제목, 특징 등을
비교해 해당 정보가 불법음란정보임을 인식할 수 있는 조치

    2. 사업자가 위 1.에 따라 인식한 불법음란정보의 유통을 방지하기 위해
해당 정보를 이용자가 검색하거나 송수신하는 것을 제한하는 조치

    3. 사업자가 위 1.의 조치에도 불구하고 불법음란정보를 인식하
지 못해 해당 정보가 유통되는 것을 발견하는 경우 해당 정보
를 이용자가 검색하거나 송수신하는 것을 제한하는 조치

    4. 사업자가 불법음란정보 전송자에게 불법음란정보의 유통 금지
등에 관한 경고문구를 발송하는 조치

★ 이를 위반하여 기술적 조치를 하지 않은 자는 5천만원 이하의 과
태료를 부과받습니다(「전기통신사업법」 제104조제1항제1호).
불법음란정보 유통 방지를 위한 기술적 조치를 하지 않아 방송통신
위원회가 요청한 경우 과학기술정보통신부장관은 특수한 유형의 부
가통신사업 등록의 전부 또는 일부의 취소를 명하거나 1년 이내의
기간을 정해 사업의 전부 또는 일부의 정지를 명할 수 있습니다.

1-3. 불법촬영물 등 유통방지 책임자 지정의무

1-3-1. 불법촬영물 등 유통방지 책임자의 지정

★ 정보통신서비스 제공자 중 다음 어느 하나에 해당하는 자(이하 "불법촬영물 등 유통방지 책임자 지정의무자"라 함)는 자신이 운영·관리하는 정보통신망을 통해 일반에게 공개되어 유통되는 정보 중 불법촬영물 등의 유통을 방지하기 위한 책임자(이하 "불법촬영물 등 유통방지 책임자"라 함)를 지정해야 합니다.

- 전기통신사업법에 따른 특수유형부가통신사업자 중 저작권법에 따른 특수한 유형의 온라인서비스제공자의 부가통신역무를 제공하는자

- 전기통신사업법에 따라 부가통신사업을 신고한 자(자본금이 1억 이하인 소규모 부가통신사업을 경영하려는 자, 부가통신사업을 경영하려는 기간통신사업자를 포함함)로서 정보통신서비스 부문 전년도(법인인 경우에는 전 사업연도를 말함) 매출액이 10억원 이상이고, 정보통신망 이용촉진 및 정보보호 등에 관한 법률 시행령 별표 1의2에 해당하는 정보통신서비스를 제공하는 자.

- 전기통신사업법에 따라 부가통신사업을 신고한 자(자본금이 1억 이하인 소규모 부가통신사업을 경영하려는 자, 부가통신사업을 경영하려는 기간통신사업자를 포함함)로서 전년도 말 기준 직전 3개월간의 하루 평균 이용자 수가 10만명 이상이고, 정보통신망 이용촉진 및 정보보호 등에 관한 법률 시행령 별표 1의2에 해당하는 정보통신서비스를 제공하는 자.

★ 이를 위반하여 불법촬영물 등 유통방지 책임자를 지정하지 않은 자는 2천만원 이하의 과태료를 부과받습니다.

★ 정보통신망 이용촉진 및 정보보호 등에 관한 법률 시행령 별표 1
의2에 해당하는 정보통신서비스"는 이용자가 정보통신망을 통해
일반에게 공개되어 유통되는 정보(이하 이 표에서 "정보"라 함)
를 게재·공유 또는 검색할 수 있도록 제공하는 정보통신서비스로
서 다음의 어느 하나에 해당하는 서비스를 말합니다.
- 사회관계망서비스, 온라인 커뮤니티, 대화방 등 불특정 다수의 이
용자가 부호·문자·음성·음향·화상·영상 등의 정보를 게재해 이를 서
로 공유하는 것을 목적으로 하는 기술적 수단을 제공하는 서비스
- 진행자가 출연해 제작한 부호·문자·음성·음향·화상·영상 및 이들의
조합으로 이루어진 콘텐츠를 게재해 불특정 다수의 이용자에게
실시간으로 공유할 수 있도록 하는 것을 목적으로 하는 기술적
수단을 제공하는 서비스
- 불특정 다수의 이용자가 정보를 검색했을 때 그 정보 및 부호·
문자·음성·음향·화상·영상 등의 검색 결과 정보를 송출[링크(link)
등 정보통신망 상에 있는 해당 정보의 위치를 송출하는 것을 포
함함] 하는 것을 목적으로 하는 기술적 수단을 제공하는 서비스

1-3-2. 불법촬영물 등 유통방지 책임자의 업무, 책임자의 수 및 자격요건

★ 불법촬영물 등 유통방지 책임자는 자신이 운영·관리하는 정보통신
망을 통해 일반에게 공개되어 유통되는 정보 중 불법촬영물 등의
삭제·접속차단 등 유통방지에 필요한 조치 업무를 수행합니다.
★ 불법촬영물 등 유통방지 책임자 지정의무자는 불법촬영물 등 유
통방지 책임자를 1명 이상 지정해야 합니다.
★ 불법촬영물 등 유통방지 책임자는 다음의 어느 하나에 해당하는

지위에 있는 사람이어야 합니다.

- 불법촬영물 등 유통방지 책임자 지정의무자 소속 임원
- 불법촬영물 등 유통방지 책임자 지정의무자 소속의 불법촬영물 등 유통방지 업무를 담당하는 부서의 장

2. 방송통신위원회의 불법정보 처리 거부, 정지, 제한 명령

2-1. 불법정보에 대한 방송통신심의위원회의 심의 및 시정요구

2-1-1. 방송통신심의위원회의 심의대상 정보

★ 방송통신위원회의 설치 및 운영에 관한 법률 제18조에 따라 설치되는 방송통신심의위원회(이하 "심의위원회"라 함)는 건전한 통신윤리의 함양을 위하여 필요한 사항으로서 정보통신망을 통해 유통되는 정보 중 다음의 불법정보 및 청소년에게 유해한 정보 등 심의가 필요하다고 인정되는 정보에 대한 심의 및 시정요구를 수행합니다.

1. 음란한 부호·문언·음향·화상 또는 영상을 배포·판매·임대하거나 공공연하게 전시하는 내용의 정보(이하 "음란물에 해당하는 정보"라 함).

2. 사람을 비방할 목적으로 공공연하게 사실이나 거짓의 사실을 드러내어 타인의 명예를 훼손하는 내용의 정보(이하 "사람의 명예를 훼손하는 내용의 정보"라 함).

3. 정보통신망 이용촉진 및 정보보호 등에 관한 법률 또는 개인 정보보호에 관한 법령을 위반하여 개인정보를 거래하는 내용의 정보(이하 "개인정보 침해에 해당하는 정보"라 함).

4. 그 밖에 범죄를 목적으로 하거나 교사(敎唆) 또는 방조하는 내용의 정보(이하 "디지털 성범죄를 목적으로 하는 등의 내용의 정보"라 함).

2-1-2. 심의위원회의 시정요구의 종류

★ 심의위원회의 심의에 따른 시정요구의 종류는 다음과 같고, 정보
통신서비스제공자 또는 게시판 관리·운영자는 시정요구를 받은 경
우에는 그 조치결과를 심의위원회에 지체 없이 통보해야 합니다.
- 해당 정보의 삭제 또는 접속차단
- 이용자에 대한 이용정지 또는 이용해지
- 청소년유해정보의 표시의무 이행 또는 표시방법 변경 등과 그
  밖에 필요하다고 인정하는 사항
★ "정보통신서비스 제공자"란 「전기통신사업법」에 따른 전기통신사
업자와 영리를 목적으로 전기통신사업자의 전기통신역무를 이용
해 정보를 제공하거나 정보의 제공을 매개하는 자를 말합니다.

2-2. 방송통신위원회의 불법정보 처리 거부·정지 또는 제한 명령
2-2-1.정보통신서비스 제공자 등에 대한 불법정보 처리 거부 등의 명령

★ 방송통신위원회는 위의 1.부터 3.까지의 불법·유해한 정보에 대해서는
심의위원회의 심의를 거쳐 정보통신서비스 제공자 또는 게시판 관리·
운영자에게 그 처리를 거부·정지 또는 제한하도록 명할 수 있습니다.
★ 다만, 사람의 명예를 훼손하는 내용의 정보의 경우에는 해당 정
보로 인해 피해를 받은 사람이 구체적으로 밝힌 의사에 반해 그
처리의 거부·정지 또는 제한을 명할 수 없습니다.
★ 방송통신위원회는 디지털 성범죄를 목적으로 하는 등의 내용의
정보가 다음의 모두에 해당하는 경우에는 정보통신서비스 제공자
또는 게시판 관리·운영자에게 해당 정보의 처리를 거부·정지 또는
제한하도록 명해야 합니다.

- 관계 중앙행정기관의 장의 요청[디지털 성범죄를 목적으로 하는 등의 내용의 정보 중 성폭력범죄의 처벌 등에 관한 특례법 제14조에 따른 촬영물 또는 복제물(복제물의 복제물을 포함함)에 대해서는 수사기관의 장의 요청을 포함함]이 있었을 것
- 위의 관계 중앙행정기관의 장의 요청을 받은 날부터 7일 이내에 심의위원회의 심의를 거친 후 방송통신위원회의 설치 및 운영에 관한 법률 제21조제4호에 따른 시정요구를 하였을 것
- 정보통신서비스 제공자나 게시판 관리·운영자가 시정 요구에 따르지 않았을 것
★ 관계 중앙행정기관의 장[디지털 성범죄를 목적으로 하는 등의 내용의 정보 중 촬영물 또는 복제물(복제물의 복제물을 포함함)에 대해서는 수사기관의 장을 포함함]이 방송통신위원회에 정보통신서비스 제공자 또는 게시판 관리·운영자에게 디지털 성범죄를 목적으로 하는 등의 내용의 정보의 처리를 거부·정지 또는 제한하도록 하는 명령을 해 줄 것을 요청하려면 다음의 사항을 적은 요청서를 증빙자료와 함께 방송통신위원회에 제출해야 합니다.
- 요청의 취지와 그 이유
- 관련 법령 및 위반내용
- 해당 정보의 목록 및 제공처
- 정보통신서비스 제공자 또는 게시판 관리·운영자 및 해당 이용자의 명칭 또는 성명과 주소·전화번호·전자우편주소 등의 연락처
★ 방송통신위원회는 명령의 대상이 되는 정보통신서비스 제공자, 게시판 관리·운영자 또는 해당 이용자에게 미리 의견제출의 기회를 주어야 합니다. 다만, 다음의 어느 하나에 해당하는 경우에는 의

견제출의 기회를 주지 않을 수 있습니다.

- 공공의 안전 또는 복리를 위해 긴급히 처분을 할 필요가 있는 경우
- 의견청취가 뚜렷이 곤란하거나 명백히 불필요한 경우[해당 이용자를 알 수 없거나(이용자의 의견제출의 경우에만 해당함), 법원의 확정판결 등에 따라 명령의 전제가 되는 사실이 객관적으로 증명되어 명령에 따른 의견청취가 불필요하다고 판단되는 경우]
- 의견제출의 기회를 포기한다는 뜻을 명백히 표시한 경우

★ 방송통신위원회의 명령을 이행하지 않은 자는 2년 이하의 징역 또는 2천만원 이하의 벌금에 처해집니다.

3. 불법촬영물 피해자 지원

3-1. 불법촬영물 등으로 인한 피해자에 대한 지원 등

3-1-1. 피해촬영물 삭제, 국가가 지원합니다.

★ 국가는 다음의 어느 하나에 해당하는 촬영물 또는 복제물 등(이하 "촬영물 등"이라 함)이 정보통신망에 유포되어 피해(촬영물 등의 대상자로 등장해 입은 피해를 말함)를 입은 사람에게 촬영물 등의 삭제를 위한 지원을 할 수 있습니다.

- 카메라나 그 밖에 이와 유사한 기능을 갖춘 기계장치를 이용해 성적 욕망 또는 수치심을 유발할 수 있는 사람의 신체를 촬영대상자의 의사에 반해 촬영한 촬영물 또는 복제물 또는 그 촬영이 촬영 당시에는 촬영대상자의 의사에 반하지 않은 경우(자신의 신체를 직접 촬영한 경우를 포함함)에도 사후에 그 촬영대상자의 의사에 반해 반포·판매·임대·제공 또는 공공연하게 전시·상영

한 촬영물 또는 복제물(복제물의 복제물을 포함함. 이하 같음).

- 반포·판매·임대·제공 또는 공공연하게 전시·상영할 목적으로 사람의 얼굴·신체 또는 음성을 대상으로 한 촬영물·영상물 또는 음성물을 그 대상자의 의사에 반해 성적 욕망 또는 수치심을 유발할 수 있는 형태로 편집·합성 또는 가공한 편집물·합성물·가공물 또는 복제물.

- 아동·청소년 또는 아동·청소년으로 명백하게 인식될 수 있는 사람이나 표현물이 등장해 다음의 어느 하나에 해당하는 행위를 하거나 그 밖의 성적 행위를 하는 내용을 표현하는 것으로서 필름·비디오물·게임물 또는 컴퓨터나 그 밖의 통신매체를 통한 화상·영상 등의 형태로 된 아동·청소년 성착취물.

  · 성교 행위
  · 구강·항문 등 신체의 일부나 도구를 이용한 유사 성교 행위
  · 신체의 전부 또는 일부를 접촉·노출하는 행위로서 일반인의 성적 수치심이나 혐오감을 일으키는 행위
  · 자위 행위

★ 여성가족부장관은 촬영물 등의 유포로 피해를 입은 사람에게 다음의 지원을 할 수 있습니다.

- 촬영물 등 삭제가 필요한 피해 등에 관한 상담
- 촬영물 등 유포로 인한 피해 정보의 수집 및 보관
- 정보통신서비스 제공자 등에 대한 정보통신망에 유포된 촬영물 등 삭제 요청 및 확인·점검
- 그 밖에 촬영물 등 삭제 지원과 관련해 여성가족부장관이 필요하다고 인정하는 사항

★ 여성가족부장관은 촬영물 등 삭제 지원을 위한 물적·인적 자원을 갖추고 있다고 인정하는 기관에 촬영물 등 삭제 지원에 관한 업무를 하게 할 수 있습니다.

★ 촬영물 등의 유포로 피해를 입은 지원 대상자, 그 배우자(사실상의 혼인관계를 포함함), 직계친족, 형제자매 또는 지원 대상자가 지정하는 대리인(이하 "삭제지원요청자"라 함)은 국가에 촬영물 등의 삭제를 위한 지원을 요청할 수 있습니다.

★ 삭제지원요청자는 다음의 서류를 갖추어 여성가족부장관 또는 「성폭력방지 및 피해자보호 등에 관한 법률 시행규칙」 제2조의6제2항에 따른 기관에 촬영물 등 삭제 지원을 요청할 수 있습니다.
  - 삭제지원요청자의 신분을 증명하는 서류
  - 지원 대상자와의 관계를 증명하는 서류(삭제지원요청자가 지원 대상자의 배우자, 직계친족, 형제자매인 경우에만 해당함)
  - 지원 대상자가 자필 서명한 위임장 및 지원 대상자의 신분증 사본(삭제지원요청자가 지원 대상자가 지정하는 대리인인 경우에만 해당함)

★ 국가는 다음의 1.부터 3.까지에 해당하는 촬영물 등에 대해서는 삭제지원요청자의 요청 없이도 삭제를 위한 지원을 합니다. 이 경우 여성가족부장관은 범죄의 증거 인멸 등을 방지하기 위해 해당 촬영물 등과 관련된 자료를 다음의 구분에 따른 기간 동안 보관해야 합니다. 다만, 삭제지원요청자의 요청이 있는 경우에는 이를 즉시 폐기해야 합니다.
1. 수사기관의 삭제지원 요청이 있는 촬영물 또는 복제물 : 10년
2. 수사기관의 삭제지원 요청이 있는 편집물·합성물·가공물 또는 복제물 : 10년

3. 아동·청소년 성착취물 : 영구
  - 그 밖에 촬영물 등과 관련된 자료는 5년 동안 보관해야 합니다.
  - 여성가족부장관은 해당 촬영물 등과 관련된 자료의 수집 및 보관을 위해 정보시스템을 구축·운영할 수 있습니다.

3-1-2. 삭제지원에 소요되는 비용의 처리 등

★ 촬영물 등의 유포로 피해를 입은 사람에 대한 국가의 촬영물 등 삭제지원에 소요되는 비용은 성폭력행위자 또는 아동·청소년 대상 성범죄행위자가 부담합니다.

★ 국가가 촬영물 등 삭제지원에 소요되는 비용을 지출한 경우 성폭력행위자 또는 아동·청소년 대상 성범죄행위자에 대해 구상권(求償權)을 행사할 수 있습니다.

★ 여성가족부장관은 구상권을 행사하려면 성폭력행위자 또는 아동·청소년 대상 성범죄행위자에게 구상금액의 산출근거 등을 명시해 이를 납부할 것을 서면으로 통지해야 하며, 그에 따른 통지를 받은 성폭력행위자 또는 아동·청소년 대상 성범죄행위자는 통지를 받은 날부터 30일 이내에 구상금액을 납부해야 합니다.

3-2. 디지털 성범죄 피해자 지원센터를 통한 지원

3-2-1. 피해상담, 삭제지원 및 연계지원 등

★ "디지털 성범죄 피해자 지원센터"는 여성가족부 산하 한국여성인권진흥원에서 운영하는 지원기관입니다. 피해 상담 및 피해촬영물 무료 삭제지원, 피해자지원기관 연계 등 디지털 성범죄 피해자를 전문적으로 지원합니다.

3-2-2. 디지털 성범죄 피해자 지원센터의 지원내용

■ 상담지원

    - 관련 문의 응대

    - 지원 내용 안내

    - 삭제지원 접수 및 상담

■ 삭제지원

    - 피해촬영물 등 삭제 요청

    - 유포현황 모니터링

    - 삭제지원 결과보고서 조회

■ 연계지원

    - 수사 과정 모니터링 및 채증 자료 작성 지원

    - 의료 지원 및 심리 치유 지원 연계

    - 무료 법률 지원 연계

3-3. 삭제지원 흐름도

- 유포된 피해촬영물이 확보된 경우, 삭제지원에 돌입합니다.
- 유포 현황이 발견되지 않은 경우, 유포 현황 모니터링을 통해 URL 이 발견되면 삭제지원에 돌입합니다.
- 삭제지원은 피해촬영물, 섬네일, 키워드 등 유포 관련 정보 모두 대상으로 합니다.
- 플랫폼별로 삭제를 요청하고, 요청이 받아들여지지 않으면 방송통 신심의위원회로 차단을 요청합니다.

부록: 관련법령 및 판례

- 스토킹범죄의 처벌 등에 관한 법률
- 스토킹범죄의 처벌 등에 관한 법률 시행령
- 스토킹방지 및 피해자보호 등에 관한 법률(안)
- 스토킹에 관련된 대법원 판례
- 디지털 성범죄에 관련된 판례
- 성폭력방지 및 피해자보호 등에 관한 법률
- 성폭력방비의 처벌 등에 관한 특례법
- 성폭력범죄의 처벌 등에 관한 특례법 시행령

스토킹범죄의 처벌 등에 관한 법률
(약칭: 스토킹처벌법)

[시행 2021.10.21.] [법률 제18083호, 2021.4.20., 제정]

제1장 총칙

제1조(목적) 이 법은 스토킹범죄의 처벌 및 그 절차에 관한 특례와 스토킹범죄 피해자에 대한 보호절차를 규정함으로써 피해자를 보호하고 건강한 사회질서의 확립에 이바지함을 목적으로 한다.

제2조(정의) 이 법에서 사용하는 용어의 뜻은 다음과 같다.

1. "스토킹행위"란 상대방의 의사에 반(反)하여 정당한 이유 없이 상대방 또는 그의 동거인, 가족에 대하여 다음 각 목의 어느 하나에 해당하는 행위를 하여 상대방에게 불안감 또는 공포심을 일으키는 것을 말한다.

   가. 접근하거나 따라다니거나 진로를 막아서는 행위

   나. 주거, 직장, 학교, 그 밖에 일상적으로 생활하는 장소(이하 "주거등"이라 한다) 또는 그 부근에서 기다리거나 지켜보는 행위

   다. 우편·전화·팩스 또는 「정보통신망 이용촉진 및 정보보호 등에 관한 법률」 제2조제1항제1호의 정보통신망을 이용하여 물건이나 글·말·부호·음향·그림·영상·화상(이하 "물건등"이라 한다)을 도달하게 하는 행위

   라. 직접 또는 제3자를 통하여 물건등을 도달하게 하거나 주거등 또는 그 부근에 물건등을 두는 행위

   마. 주거등 또는 그 부근에 놓여져 있는 물건등을 훼손하는 행위

2. "스토킹범죄"란 지속적 또는 반복적으로 스토킹행위를 하는 것을 말한다.

3. "피해자"란 스토킹범죄로 직접적인 피해를 입은 사람을 말한다.

4. "피해자등"이란 피해자 및 스토킹행위의 상대방을 말한다.

제2장 스토킹범죄 등의 처리절차

제3조(스토킹행위 신고 등에 대한 응급조치) 사법경찰관리는 진행 중인 스토킹행위에 대하여 신고를 받은 경우 즉시 현장에 나가 다음 각 호의 조치를 하여야 한다.

1. 스토킹행위의 제지, 향후 스토킹행위의 중단 통보 및 스토킹행위를 지속적 또는 반복적으로 할 경우 처벌 경고

2. 스토킹행위자와 피해자등의 분리 및 범죄수사

3. 피해자등에 대한 긴급응급조치 및 잠정조치 요청의 절차 등 안내

4. 스토킹 피해 관련 상담소 또는 보호시설로의 피해자등 인도 (피해자등이 동의한 경우만 해당한다)

제4조(긴급응급조치) ① 사법경찰관은 스토킹행위 신고와 관련하여 스토킹행위가 지속적 또는 반복적으로 행하여질 우려가 있고 스토킹범죄의 예방을 위하여 긴급을 요하는 경우 스토킹행위자에게 직권으로 또는 스토킹행위의 상대방이나 그 법정대리인 또는 스토킹행위를 신고한 사람의 요청에 의하여 다음 각 호에 따른 조치를 할 수 있다.

1. 스토킹행위의 상대방이나 그 주거등으로부터 100미터 이내의 접근 금지

2. 스토킹행위의 상대방에 대한 「전기통신기본법」 제2조제1호의 전기통신을 이용한 접근 금지

② 사법경찰관은 제1항에 따른 조치(이하 "긴급응급조치"라 한다)를 하였을 때에는 즉시 스토킹행위의 요지, 긴급응급조치가 필요한 사유, 긴급응급조치의 내용 등이 포함된 긴급응급조치결정서를

작성하여야 한다.

제5조(긴급응급조치의 승인 신청) ① 사법경찰관은 긴급응급조치를 하였을 때에는 지체 없이 검사에게 해당 긴급응급조치에 대한 사후승인을 지방법원 판사에게 청구하여 줄 것을 신청하여야 한다.

② 제1항의 신청을 받은 검사는 긴급응급조치가 있었던 때부터 48시간 이내에 지방법원 판사에게 해당 긴급응급조치에 대한 사후승인을 청구한다. 이 경우 제4조제2항에 따라 작성된 긴급응급조치결정서를 첨부하여야 한다.

③ 지방법원 판사는 스토킹행위가 지속적 또는 반복적으로 행하여지는 것을 예방하기 위하여 필요하다고 인정하는 경우에는 제2항에 따라 청구된 긴급응급조치를 승인할 수 있다.

④ 사법경찰관은 검사가 제2항에 따라 긴급응급조치에 대한 사후승인을 청구하지 아니하거나 지방법원 판사가 제2항의 청구에 대하여 사후승인을 하지 아니한 때에는 즉시 그 긴급응급조치를 취소하여야 한다.

⑤ 긴급응급조치기간은 1개월을 초과할 수 없다.

제6조(긴급응급조치의 통지 등) ① 사법경찰관은 긴급응급조치를 하는 경우에는 스토킹행위의 상대방이나 그 법정대리인에게 통지하여야 한다.

② 사법경찰관은 긴급응급조치를 하는 경우에는 해당 긴급응급조치의 대상자(이하 "긴급응급조치대상자"라 한다)에게 조치의 내용 및 불복방법 등을 고지하여야 한다.

제7조(긴급응급조치의 변경 등) ① 긴급응급조치대상자나 그 법정대리인은 긴급응급조치의 취소 또는 그 종류의 변경을 사법경찰관에게 신청할 수 있다.

② 스토킹행위의 상대방이나 그 법정대리인은 제4조제1항제1호의

긴급응급조치가 있은 후 스토킹행위의 상대방이 주거등을 옮긴 경우에는 사법경찰관에게 긴급응급조치의 변경을 신청할 수 있다. ③ 스토킹행위의 상대방이나 그 법정대리인은 긴급응급조치가 필요하지 아니한 경우에는 사법경찰관에게 해당 긴급응급조치의 취소를 신청할 수 있다.

④ 사법경찰관은 정당한 이유가 있다고 인정하는 경우에는 직권으로 또는 제1항부터 제3항까지의 규정에 따른 신청에 의하여 해당 긴급응급조치를 취소할 수 있고, 지방법원 판사의 승인을 받아 긴급응급조치의 종류를 변경할 수 있다.

⑤ 긴급응급조치(제4항에 따라 그 종류를 변경한 경우를 포함한다. 이하 이 항에서 같다)는 다음 각 호의 어느 하나에 해당하는 때에 그 효력을 상실한다.

1. 긴급응급조치에서 정한 기간이 지난 때
2. 법원이 긴급응급조치대상자에게 다음 각 목의 결정을 한 때
    가. 제4조제1항제1호의 긴급응급조치에 따른 스토킹행위의 상대방과 같은 사람을 피해자로 하는 제9조제1항제2호에 따른 조치의 결정
    나. 제4조제1항제1호의 긴급응급조치에 따른 주거등과 같은 장소를 피해자(스토킹행위의 상대방과 같은 사람을 피해자로 하는 경우로 한정한다)의 주거등으로 하는 제9조제1항제2호에 따른 조치의 결정
    다. 제4조제1항제2호의 긴급응급조치에 따른 스토킹행위의 상대방과 같은 사람을 피해자로 하는 제9조제1항제3호에 따른 조치의 결정

제8조(잠정조치의 청구) ① 검사는 스토킹범죄가 재발될 우려가 있다고 인정하면 직권 또는 사법경찰관의 신청에 따라 법원에 제9

조제1항 각 호의 조치를 청구할 수 있다.

② 피해자 또는 그 법정대리인은 검사 또는 사법경찰관에게 제1항에 따른 조치의 청구 또는 그 신청을 요청하거나, 이에 관하여 의견을 진술할 수 있다.

③ 사법경찰관은 제2항에 따른 신청 요청을 받고도 제1항에 따른 신청을 하지 아니하는 경우에는 검사에게 그 사유를 보고하여야 한다.

제9조(스토킹행위자에 대한 잠정조치) ① 법원은 스토킹범죄의 원활한 조사·심리 또는 피해자 보호를 위하여 필요하다고 인정하는 경우에는 결정으로 스토킹행위자에게 다음 각 호의 어느 하나에 해당하는 조치(이하 "잠정조치"라 한다)를 할 수 있다.

1. 피해자에 대한 스토킹범죄 중단에 관한 서면 경고

2. 피해자나 그 주거등으로부터 100미터 이내의 접근 금지

3. 피해자에 대한 「전기통신기본법」 제2조제1호의 전기통신을 이용한 접근 금지

4. 국가경찰관서의 유치장 또는 구치소에의 유치

② 제1항 각 호의 잠정조치는 병과(倂科)할 수 있다.

③ 법원은 잠정조치를 결정한 경우에는 검사와 피해자 및 그 법정대리인에게 통지하여야 한다.

④ 법원은 제1항제4호에 따른 잠정조치를 한 경우에는 스토킹행위자에게 변호인을 선임할 수 있다는 것과 제12조에 따라 항고할 수 있다는 것을 고지하고, 다음 각 호의 구분에 따른 사람에게 해당 잠정조치를 한 사실을 통지하여야 한다.

1. 스토킹행위자에게 변호인이 있는 경우: 변호인

2. 스토킹행위자에게 변호인이 없는 경우: 법정대리인 또는 스토킹행위자가 지정하는 사람

⑤ 제1항제2호 및 제3호에 따른 잠정조치기간은 2개월, 같은 항

제4호에 따른 잠정조치기간은 1개월을 초과할 수 없다. 다만, 법원은 피해자의 보호를 위하여 그 기간을 연장할 필요가 있다고 인정하는 경우에는 결정으로 제1항제2호 및 제3호에 따른 잠정조치에 대하여 두 차례에 한정하여 각 2개월의 범위에서 연장할 수 있다.

제10조(잠정조치의 집행 등) ① 법원은 잠정조치 결정을 한 경우에는 법원공무원, 사법경찰관리 또는 구치소 소속 교정직공무원으로 하여금 집행하게 할 수 있다.

② 제1항에 따라 잠정조치 결정을 집행하는 사람은 스토킹행위자에게 잠정조치의 내용, 불복방법 등을 고지하여야 한다.

③ 피해자 또는 그 법정대리인은 제9조제1항제2호의 잠정조치 결정이 있은 후 피해자가 주거등을 옮긴 경우에는 법원에 잠정조치 결정의 변경을 신청할 수 있다.

제11조(잠정조치의 변경 등) ① 스토킹행위자나 그 법정대리인은 잠정조치 결정의 취소 또는 그 종류의 변경을 법원에 신청할 수 있다.

② 검사는 수사 또는 공판과정에서 잠정조치가 계속 필요하다고 인정하는 경우에는 법원에 해당 잠정조치기간의 연장 또는 그 종류의 변경을 청구할 수 있고, 잠정조치가 필요하지 아니하다고 인정하는 경우에는 법원에 해당 잠정조치의 취소를 청구할 수 있다.

③ 법원은 정당한 이유가 있다고 인정하는 경우에는 직권 또는 제1항의 신청이나 제2항의 청구에 의하여 결정으로 해당 잠정조치의 취소, 기간의 연장 또는 그 종류의 변경을 할 수 있다.

④ 잠정조치 결정(제3항에 따라 잠정조치기간을 연장하거나 그 종류를 변경하는 결정을 포함한다. 이하 제12조 및 제14조에서 같다)은 스토킹행위자에 대해 검사가 불기소처분을 한 때 또는 사법경찰관이 불송치결정을 한 때에 그 효력을 상실한다.

제12조(항고) ① 검사, 스토킹행위자 또는 그 법정대리인은 긴급응급조치 또는 잠정조치에 대한 결정이 다음 각 호의 어느 하나에 해당하는 경우에는 항고할 수 있다.

1. 해당 결정에 영향을 미친 법령의 위반이 있거나 중대한 사실의 오인이 있는 경우
2. 해당 결정이 현저히 부당한 경우

② 제1항에 따른 항고는 그 결정을 고지받은 날부터 7일 이내에 하여야 한다.

제13조(항고장의 제출) ① 제12조에 따른 항고를 할 때에는 원심법원에 항고장을 제출하여야 한다.

② 항고장을 받은 법원은 3일 이내에 의견서를 첨부하여 기록을 항고법원에 보내야 한다.

제14조(항고의 재판) ① 항고법원은 항고의 절차가 법률에 위반되거나 항고가 이유 없다고 인정하는 경우에는 결정으로 항고를 기각(棄却)하여야 한다.

② 항고법원은 항고가 이유 있다고 인정하는 경우에는 원결정(原決定)을 취소하고 사건을 원심법원에 환송하거나 다른 관할법원에 이송하여야 한다. 다만, 환송 또는 이송하기에 급박하거나 그 밖에 필요하다고 인정할 때에는 원결정을 파기하고 스스로 적절한 잠정조치 결정을 할 수 있다.

제15조(재항고) ① 항고의 기각 결정에 대해서는 그 결정이 법령에 위반된 경우에만 대법원에 재항고를 할 수 있다.

② 제1항에 따른 재항고의 기간, 재항고장의 제출 및 재항고의 재판에 관하여는 제12조제2항, 제13조 및 제14조를 준용한다.

제16조(집행의 부정지) 항고와 재항고는 결정의 집행을 정지하는 효

력이 없다.

제17조(스토킹범죄의 피해자에 대한 전담조사제) ① 검찰총장은 각 지방검찰청 검사장에게 스토킹범죄 전담 검사를 지정하도록 하여 특별한 사정이 없으면 스토킹범죄 전담 검사가 피해자를 조사하게 하여야 한다.

② 경찰관서의 장(국가수사본부장, 시·도경찰청장 및 경찰서장을 의미한다. 이하 같다)은 스토킹범죄 전담 사법경찰관을 지정하여 특별한 사정이 없으면 스토킹범죄 전담 사법경찰관이 피해자를 조사하게 하여야 한다.

③ 검찰총장 및 경찰관서의 장은 제1항의 스토킹범죄 전담 검사 및 제2항의 스토킹범죄 전담 사법경찰관에게 스토킹범죄의 수사에 필요한 전문지식과 피해자 보호를 위한 수사방법 및 수사절차 등에 관한 교육을 실시하여야 한다.

제3장 벌칙

제18조(스토킹범죄) ① 스토킹범죄를 저지른 사람은 3년 이하의 징역 또는 3천만원 이하의 벌금에 처한다.

② 흉기 또는 그 밖의 위험한 물건을 휴대하거나 이용하여 스토킹범죄를 저지른 사람은 5년 이하의 징역 또는 5천만원 이하의 벌금에 처한다.

③ 제1항의 죄는 피해자가 구체적으로 밝힌 의사에 반하여 공소를 제기할 수 없다.

제19조(형벌과 수강명령 등의 병과) ① 법원은 스토킹범죄를 저지른 사람에 대하여 유죄판결(선고유예는 제외한다)을 선고하거나 약식명령을 고지하는 경우에는 200시간의 범위에서 다음 각 호의

구분에 따라 재범 예방에 필요한 수강명령(「보호관찰 등에 관한 법률」에 따른 수강명령을 말한다. 이하 같다) 또는 스토킹 치료프로그램의 이수명령(이하 "이수명령"이라 한다)을 병과할 수 있다.

1. 수강명령: 형의 집행을 유예할 경우에 그 집행유예기간 내에서 병과

2. 이수명령: 벌금형 또는 징역형의 실형을 선고하거나 약식명령을 고지할 경우에 병과

② 법원은 스토킹범죄를 저지른 사람에 대하여 형의 집행을 유예하는 경우에는 제1항에 따른 수강명령 외에 그 집행유예기간 내에서 보호관찰 또는 사회봉사 중 하나 이상의 처분을 병과할 수 있다.

③ 제1항에 따른 수강명령 또는 이수명령의 내용은 다음 각 호와 같다.

1. 스토킹 행동의 진단·상담

2. 건전한 사회질서와 인권에 관한 교육

3. 그 밖에 스토킹범죄를 저지른 사람의 재범 예방을 위하여 필요한 사항

④ 제1항에 따른 수강명령 또는 이수명령은 다음 각 호의 구분에 따라 각각 집행한다.

1. 형의 집행을 유예할 경우: 그 집행유예기간 내

2. 벌금형을 선고하거나 약식명령을 고지할 경우: 형 확정일부터 6개월 이내

3. 징역형의 실형을 선고할 경우: 형기 내

⑤ 제1항에 따른 수강명령 또는 이수명령이 벌금형 또는 형의 집행유예와 병과된 경우에는 보호관찰소의 장이 집행하고, 징역형의 실형과 병과된 경우에는 교정시설의 장이 집행한다. 다만, 징역형의 실형과 병과된 이수명령을 모두 이행하기 전에 석방 또는 가석방되거나 미결구금일수 산입 등의 사유로 형을 집행할 수 없게 된 경우에는 보호관찰소의 장이 남은 이수명령을 집행한다.

⑥ 형벌에 병과하는 보호관찰, 사회봉사, 수강명령 또는 이수명령에 관하여 이 법에서 규정한 사항 외에는 「보호관찰 등에 관한 법률」을 준용한다.

제20조(잠정조치의 불이행죄) 제9조제1항제2호 또는 제3호의 잠정조치를 이행하지 아니한 사람은 2년 이하의 징역 또는 2천만원 이하의 벌금에 처한다.

제21조(과태료) ① 정당한 사유 없이 긴급응급조치(검사가 제5조제2항에 따른 긴급응급조치에 대한 사후승인을 청구하지 아니하거나 지방법원 판사가 같은 조 제3항에 따른 승인을 하지 아니한 경우는 제외한다)를 이행하지 아니한 사람에게는 1천만원 이하의 과태료를 부과한다.

② 제19조제1항에 따라 수강명령 또는 이수명령을 부과받은 후 정당한 사유 없이 보호관찰소의 장 또는 교정시설의 장의 수강명령 또는 이수명령 이행에 관한 지시에 불응하여 「보호관찰 등에 관한 법률」 또는 「형의 집행 및 수용자의 처우에 관한 법률」에 따른 경고를 받은 후 다시 정당한 사유 없이 수강명령 또는 이수명령 이행에 관한 지시에 불응한 사람에게는 500만원 이하의 과태료를 부과한다.

③ 제1항 및 제2항에 따른 과태료는 대통령령으로 정하는 바에 따라 관계 행정기관의 장이 부과·징수한다.

부칙 <제18083호, 2021.4.20.>
이 법은 공포 후 6개월이 경과한 날부터 시행한다.

스토킹범죄의 처벌 등에 관한 법률 시행령

[시행 2021.10.21.] [대통령령 제31866호, 2021.7.6., 제정]

제1조(목적) 이 영은 「스토킹범죄의 처벌 등에 관한 법률」에서 위임된 사항과 그 시행에 필요한 사항을 규정함을 목적으로 한다.

제2조(스토킹범죄를 저지른 사람의 재범 예방을 위한 시책 마련) 법무부장관은 「스토킹범죄의 처벌 등에 관한 법률」 (이하 "법"이라 한다) 제19조제1항에 따른 수강명령과 스토킹 치료프로그램 이수명령의 실시에 필요한 프로그램의 개발과 관련 전문인력의 양성 등 스토킹범죄를 저지른 사람의 재범 예방을 위한 시책을 마련해야 한다.

제3조(민감정보 및 고유식별정보의 처리) ① 검사 또는 사법경찰관리는 다음 각 호의 사무(그 사무를 수행하기 위하여 부수적으로 필요한 사무를 포함한다)를 수행하기 위하여 불가피한 경우 「개인정보 보호법」 제23조에 따른 건강 및 성생활에 관한 정보, 같은 법 시행령 제18조제1호에 따른 유전정보, 같은 조 제2호에 따른 범죄경력자료에 해당하는 정보 및 같은 영 제19조에 따른 주민등록번호, 여권번호, 운전면허의 면허번호 또는 외국인등록번호가 포함된 자료를 처리할 수 있다.

1. 법 제3조에 따른 응급조치에 관한 사무
2. 법 제4조에 따른 긴급응급조치에 관한 사무
3. 법 제5조에 따른 긴급응급조치의 승인 신청 및 청구에 관한 사무
4. 법 제7조에 따른 긴급응급조치의 변경에 관한 사무
5. 법 제8조에 따른 잠정조치의 신청 및 청구에 관한 사무
6. 법 제11조제2항에 따른 잠정조치의 변경 등 청구에 관한 사무
7. 법 제12조 또는 제15조에 따른 항고 또는 재항고에 관한 사무

② 사법경찰관은 법 제6조에 따른 긴급응급조치의 통지 및 고지에

관한 사무(그 사무를 수행하기 위하여 부수적으로 필요한 사무를 포함한다)를 수행하기 위하여 불가피한 경우 「개인정보 보호법 시행령」 제19조에 따른 주민등록번호, 여권번호, 운전면허의 면허번호 또는 외국인등록번호가 포함된 자료를 처리할 수 있다.

③ 보호관찰소의 장, 교정시설의 장 또는 보호관찰관은 법 제19조에 따른 수강명령 또는 이수명령의 집행에 관한 사무(그 사무를 수행하기 위하여 부수적으로 필요한 사무를 포함한다)를 수행하기 위하여 불가피한 경우 「개인정보 보호법」 제23조에 따른 건강에 관한 정보, 같은 법 시행령 제18조제2호에 따른 범죄경력자료에 해당하는 정보 및 같은 영 제19조에 따른 주민등록번호, 여권번호, 운전면허의 면허번호 또는 외국인등록번호가 포함된 자료를 처리할 수 있다.

제4조(과태료의 부과기준) 법 제21조제1항 및 제2항에 따른 과태료의 부과기준은 별표와 같다.

부칙 <제31866호, 2021.7.6.>
이 영은 2021년 10월 21일부터 시행한다.

과태료의 부과기준(제4조 관련)

1. 일반기준

   가. 위반행위의 횟수에 따른 과태료의 가중된 부과기준은 최근 3년간 같은 위반행위로 과태료 부과처분을 받은 경우에 적용한다. 이 경우 기간의 계산은 위반행위에 대하여 과태료 부과처분을 받은 날과 그 처분 후 다시 같은 위반행위를 하여 적발된 날을 기준으로 한다.

   나. 가목에 따라 가중된 부과처분을 하는 경우 가중처분의 적용 차수는 그 위반행위 전 부과처분 차수(가목에 따른 기간 내에 과태료 부과처분이 둘 이상 있었던 경우에는 높은 차수를 말한다)의 다음 차수로 한다.

   다. 부과권자는 다음의 어느 하나에 해당하는 경우에는 제2호의 개별기준에 따른 과태료의 2분의 1 범위에서 그 금액을 줄여 부과할 수 있다. 다만, 과태료를 체납하고 있는 위반행위자에 대해서는 그렇지 않다.

      1) 위반행위가 사소한 부주의나 오류로 인한 것으로 인정되는 경우

      2) 위반의 내용과 정도가 경미하여 피해자 등에게 미치는 피해가 적다고 인정되는 경우

      3) 위반행위자가 법 위반상태를 시정하거나 해소하기 위하여 노력한 것이 인정되는 경우

      4) 그 밖에 위반행위의 동기 및 정도와 그 결과 등을 고려하여 과태료 금액을 줄일 필요가 있다고 인정되는 경우

라. 부과권자는 다음의 어느 하나에 해당하는 경우에는 제2호의 개별기준에 따른 과태료의 2분의 1 범위에서 그 금액을 늘려 부과할 수 있다. 다만, 늘려 부과하는 경우에도 법 제21조제1항 또는 제2항에 따른 과태료의 상한을 넘을 수 없다.

    1) 위반행위가 둘 이상인 경우

    2) 최근 3년 이내에 법 위반 사실이 있는 경우

    3) 법 위반상태의 기간이 6개월 이상인 경우

    4) 그 밖에 위반행위의 동기 및 정도와 그 결과 등을 고려하여 과태료 금액을 늘릴 필요가 있다고 인정되는 경우

2. 개별기준

(단위: 만원)

위반행위	근거 법조문	과태료		
		1차 위반	2차 위반	3차 이상 위반
가. 정당한 사유 없이 법 제4조제1항에 따른 긴급응급조치(검사가 법 제5조제2항에 따른 긴급응급조치에 대한 사후승인을 청구하지 않거나 지방법원 판사가 같은 조 제3항에 따른 승인을 하지 않은 경우는 제외한다)를 이행하지 않은 경우	법 제21조 제1항	300	700	1,000
나. 법 제19조제1항에 따라 수강명령 또는 이수명령을 부과받은 후 정당한 사유 없이 보호관찰소의 장 또는 교정시설의 장의 수강명령	법 제21조 제2항	150	300	500

또는 이수명령 이행에 관한 지시에 불응하여 「보호관찰 등에 관한 법률」 또는 「형의 집행 및 수용자의 처우에 관한 법률」에 따른 경고를 받은 후 다시 정당한 사유 없이 수강명령 또는 이수명령 이행에 관한 지시에 불응한 경우				

스토킹방지 및 피해자보호 등에 관한 법률(안)

※ 여성가족부는 스토킹피해자에 대한 적절한 보호·지원제도를 위한 법적 근거 마련을 위해 2021년 11월, 「스토킹방지 및 피해자보호 등에 관한 법률」 제정안을 입법예고했으며, 2022년 4월 27일 국회에 제출하여 현재 국회에서 심의 중에 있습니다. 그 주요내용은 다음과 같습니다.

■ 제·개정이유 및 주요내용

★ 제·개정이유

최근 스토킹이 폭행, 살인 등 강력범죄로 이어지는 가운데 스토킹범죄의 처벌 및 그 절차에 대한 특례 등을 규정한 「스토킹범죄의 처벌 등에 관한 법률」이 제정·시행된 것에 맞추어, 스토킹 방지 및 피해자 보호 제도를 마련할 필요성이 높아지고 있음.

이에 스토킹 실태조사·예방교육과 피해자 지원시설의 설치 등 스토킹 방지와 피해자 등에 대한 보호·지원체계를 마련함으로써 스토킹으로부터 국민을 안전하게 보호하려는 것임.

★ 주요내용

가. 국가 등의 책무(안 제3조)

국가와 지방자치단체는 스토킹의 예방·방지와 피해자의 보호·지원을 위하여 스토킹 신고체계의 구축·운영, 피해자 보호·지원 시설의 설치·운영, 법률구조 등 피해자 지원 서비스 제공 등의 조치를 취하도록 함.

나. 스토킹 방지를 위한 실태조사 및 예방교육(안 제4조 및 제5조)

여성가족부장관은 스토킹 방지를 위한 정책수립의 기초자료로 활용하기 위하여 3년마다 스토킹에 대한 실태조사를 실시하도록 하고, 국가기관과 지방자치단체 등은 스토킹 예방과 방지를 위하여 스토킹 예방교육을 실시할 수 있도록 함.

다. 피해자 등에 대한 불이익 조치 금지 등(안 제6조, 제11조, 제14조 및 제15조)

스토킹 피해자의 보호 및 인권보장을 위하여 피해자에 대한 직장에서의 불이익 조치 등을 금지하고, 피해자 지원시설의 장은 피해자 등이 밝힌 의사에 반하여 지원업무를 할 수 없도록 하여, 피해자 지원시설의 장 등이 직무상 알게 된 비밀을 누설한 경우에는 벌칙을 부과하도록 함.

라. 피해자 지원시설의 설치 및 업무범위(안 제8조 및 제9조)

국가 또는 지방자치단체는 피해자 등의 보호·지원과 피해 방지를 위하여 피해자 지원시설을 설치·운영할 수 있도록 하고, 피해자 지원시설은 스토킹 신고 접수와 이에 관한 상담, 피해자 등의 보호와 숙식 제공 등의 업무를 수행하도록 함.

마. 사법경찰관리의 현장 출동 및 조사(안 제13조 및 제17조)

사법경찰관리는 스토킹 신고가 접수된 때에는 지체 없이 현장에 출동하도록 하고, 출동한 사법경찰관리는 신고 현장 등 관련 장소에 출입하여 관계인을 조사할 수 있도록 하며, 여성가족부장관이나 지방자치단체의 장은 정당한 사유 없이 현장조사를 거부하는 등 업무 수행을 방해한 자에게는 과태료를 부과하도록 함.

스토킹방지 및 피해자보호 등에 관한 법률(안)

제1조(목적) 이 법은 스토킹을 예방하고 피해자를 보호·지원함으로써 인권증진에 이바지함을 목적으로 한다.

제2조(정의) 이 법에서 사용하는 용어의 뜻은 다음과 같다.
1. "스토킹"이란 「스토킹범죄의 처벌 등에 관한 법률」에 따른 스토킹행위 및 스토킹범죄를 말한다.
2. "스토킹행위자"란 스토킹을 한 사람을 말한다.
3. "피해자"란 스토킹으로 직접적인 피해를 입은 사람과 스토킹의 상대방을 말한다.

제3조(국가 등의 책무) ① 국가와 지방자치단체는 스토킹의 예방·방지와 피해자의 보호·지원을 위하여 다음 각 호의 조치를 하여야 한다.
1. 스토킹 신고체계의 구축·운영
2. 스토킹의 예방·방지를 위한 조사·연구·교육 및 홍보
3. 피해자를 보호·지원하기 위한 시설의 설치·운영
4. 법률구조와 주거 지원, 자립 지원 등 피해자에 대한 지원 서비스의 제공
5. 피해자에 대한 보호·지원을 원활히 하기 위한 관련 기관 간 협력체계의 구축·운영
6. 스토킹의 예방·방지와 피해자의 보호·지원을 위한 관계 법령의 정비와 각종 정책의 수립·시행 및 평가
7. 피해자의 신변 노출 방지와 보호·지원체계의 구축
② 국가와 지방자치단체는 제1항에 따른 책무를 다하기 위하여 이에 따른 예산상의 조치를 하여야 한다.

제4조(스토킹 실태조사) ① 여성가족부장관은 3년마다 스토킹에 대한 실태조사를 실시하여 그 결과를 발표하고, 이를 스토킹 방지를 위한

정책수립의 기초자료로 활용하여야 한다.

② 제1항에 따른 스토킹 실태조사의 내용과 방법 등에 관하여 필요한 사항은 대통령령으로 정한다.

제5조(스토킹 예방교육의 실시) ① 국가기관, 지방자치단체, 「초·중등교육법」에 따른 각급 학교와 대통령령으로 정하는 공공단체의 장은 스토킹의 예방과 방지를 위하여 필요한 교육을 실시할 수 있다.

② 여성가족부장관과 지방자치단체의 장은 제1항에 따른 교육의 확산을 위하여 교육에 필요한 자료 또는 프로그램의 개발·보급을 지원할 수 있다.

제6조(피해자 등에 대한 불이익 조치의 금지) 스토킹 신고자 또는 피해자를 고용하고 있는 자는 스토킹과 관련하여 신고자 또는 피해자에게 해고나 그 밖의 불이익 조치를 하여서는 아니 된다.

제7조(취학 지원) ① 국가나 지방자치단체는 피해자나 그 가족(이하 "피해자등"이라 한다)이 「초·중등교육법」에 따른 각급 학교의 학생인 경우로서 주소지 외의 지역에서 취학(입학·재입학·전학 및 편입학을 포함한다. 이하 같다)할 필요가 있는 경우에는 그 취학이 원활히 이루어지도록 지원하여야 한다.

② 제1항에 따른 취학 지원에 필요한 사항은 대통령령으로 정한다.

제8조(지원시설의 설치) ① 국가나 지방자치단체는 피해자등의 보호·지원과 효과적인 피해 방지를 위하여 피해자 지원시설(이하 "지원시설"이라 한다)을 설치·운영할 수 있다.

② 여성가족부장관이나 지방자치단체의 장은 지원시설의 설치·운영 업무를 대통령령으로 정하는 기관 또는 단체에 위탁할 수 있다.

③ 여성가족부장관이나 지방자치단체의 장은 제2항에 따라 지원시설의 설치·운영 업무를 위탁하는 경우에는 그에 필요한 경비를 지원할 수 있다.

제9조(지원시설의 업무) 지원시설은 다음 각 호의 업무를 수행한다.

1. 스토킹 신고 접수와 이에 관한 상담
2. 피해자등의 신체적·정신적 안정과 일상생활 복귀 지원
3. 피해자등의 보호와 숙식 제공
4. 피해자등의 질병치료와 건강관리를 위하여 의료기관에 인도하는 등의 의료 지원
5. 스토킹행위자에 대한 고소와 피해배상청구 등 사법처리 절차에 관하여 「법률구조법」 제8조에 따른 대한법률구조공단 등 관계 기관에 대한 협조 및 지원 요청
6. 스토킹의 예방·방지를 위한 홍보 및 교육
7. 스토킹과 스토킹 피해에 관한 조사·연구
8. 다른 법률에 따라 지원시설에 위탁된 업무
9. 그 밖에 피해자등을 보호·지원하기 위하여 필요한 업무

제10조(교육의 실시) ① 여성가족부장관이나 지방자치단체의 장은 지원시설 종사자의 자질을 향상시키기 위하여 필요한 교육을 실시하여야 한다.

② 여성가족부장관이나 지방자치단체의 장은 대통령령으로 정하는 전문기관으로 하여금 제1항에 따른 교육 업무를 수행하게 할 수 있다.

③ 제1항에 따른 교육의 시간·방법 및 내용 등에 관하여 필요한 사항은 대통령령으로 정한다.

제11조(피해자의 의사 존중 의무) 지원시설의 장과 종사자는 피해자등이 밝힌 의사에 반하여 제9조에 따른 업무를 하여서는 아니 된다.

제12조(수사기관의 협조) ① 지원시설의 장은 스토킹행위자로부터 피해자등을 긴급히 구조할 필요가 있을 때에는 경찰관서(지구대·파출소 및 출장소를 포함한다)의 장에게 그 소속 직원의 동행을 요청할 수 있다.

② 제1항에 따른 요청을 받은 경찰관서의 장은 특별한 사유가 없으면 그 요청에 따라야 한다.

제13조(사법경찰관리의 현장출동 등) ① 사법경찰관리는 스토킹의 신고가 접수된 때에는 지체 없이 스토킹 현장에 출동하여야 한다.

② 제1항에 따라 출동한 사법경찰관리는 신고된 현장 또는 사건 조사를 위한 관련 장소에 출입하여 관계인에 대하여 조사를 하거나 질문을 할 수 있다.

③ 제2항에 따라 출입, 조사 또는 질문을 하는 사법경찰관리는 그 권한을 표시하는 증표를 지니고 이를 관계인에게 내보여야 한다.

④ 제2항에 따라 조사 또는 질문을 하는 사법경찰관리는 피해자·신고자·목격자 등이 자유롭게 진술할 수 있도록 스토킹행위자로부터 분리된 곳에서 조사하는 등 필요한 조치를 하여야 한다.

⑤ 누구든지 정당한 사유 없이 제2항에 따른 사법경찰관리의 현장조사를 거부하는 등 그 업무 수행을 방해하는 행위를 하여서는 아니 된다.

제14조(비밀 유지의 의무) 지원시설의 장 또는 종사자이거나 지원시설의 장이었던 자 또는 종사하였던 자는 그 직무상 알게 된 비밀을 누설해서는 아니 된다.

제15조(벌칙) ① 제6조를 위반하여 신고자 또는 피해자에게 해고나 그 밖의 불이익 조치를 한 자는 3년 이하의 징역 또는 3천만원 이하의 벌금에 처한다.

② 제14조에 따른 비밀 유지의 의무를 위반한 자는 1년 이하의 징역 또는 1천만원 이하의 벌금에 처한다.

제16조(양벌규정) 법인의 대표자나 법인 또는 개인의 대리인, 사용인, 그 밖의 종사자가 그 법인 또는 개인의 업무에 관하여 제15조의 위반행위를 하면 그 행위자를 벌하는 외에 그 법인 또는 개인에게도 해당 조문의 벌금형을 과(科)한다. 다만, 법인 또는 개인이 그 위반

행위를 방지하기 위하여 해당 업무에 관하여 상당한 주의와 감독을 게을리하지 아니한 경우에는 그러하지 아니하다.

제17조(과태료) ① 제13조제5항을 위반하여 정당한 사유 없이 현장조사를 거부하는 등 업무를 방해한 자에게는 1천만원 이하의 과태료를 부과한다.

② 제1항에 따른 과태료는 대통령령으로 정하는 바에 따라 여성가족부장관이나 지방자치단체의 장이 부과·징수한다.

부칙

이 법은 공포 후 6개월이 경과한 날부터 시행한다.

■ 스토킹에 관련된 대법원 판례

가정불화로 처와 일시 별거 중인 남편이 그의 부모와 함께 주거지에 들어가려고 하는데 처로부터 집을 돌보아 달라는 부탁을 받은 처제가 출입을 못하게 하자, 출입문에 설치된 잠금장치를 손괴하고 주거지에 출입하여 폭력행위 등 처벌에 관한 법률위반(공동주거침입)죄 등으로 기소된 사안 [대법원 2021.9.9., 선고, 2020도6085, 전원합의체 판결]

【판시사항】

[1] 공동거주자 중 한 사람이 법률적인 근거 기타 정당한 이유 없이 다른 공동거주자가 공동생활의 장소에 출입하는 것을 금지하였는데 다른 공동거주자가 이에 대항하여 공동생활의 장소에 들어간 경우, 주거침입죄가 성립하는지 여부(소극) 및 그 공동거주자가 공동생활의 장소에 출입하기 위하여 출입문의 잠금장치를 손괴하는 등 다소간의 물리력을 행사하여 그 출입을 금지한 공동거주자의 사실상 평온상태를 해쳤더라도 마찬가지인지 여부(적극) / 이때 그 공동거주자의 승낙을 받아 공동생활의 장소에 함께 들어간 외부인의 출입 및 이용행위가 전체적으로 그의 출입을 승낙한 공동거주자의 통상적인 공동생활 장소의 출입 및 이용행위의 일환이자 이에 수반되는 행위로 평가할 수 있는 경우, 그 외부인에 대하여 주거침입죄가 성립하는지 여부(소극)

[2] 피고인 甲은 처(妻) 乙과의 불화로 인해 乙과 공동생활을 영위하던 아파트에서 짐 일부를 챙겨 나왔는데, 그 후 자신의 부모인 피고인 丙, 丁과 함께 아파트에 찾아가 출입문을 열 것을 요구하였으나 乙은 외출한 상태로 乙의 동생인 戊가 출입문에 설치된 체인형 걸쇠를 걸어 문을 열어 주지 않자 공동하여 걸쇠를 손괴한 후 아파트에 침입하였다고 하여 폭력행위 등 처벌에

관한 법률 위반(공동주거침입)으로 기소된 사안에서, 아파트에 대한 공동거주자의 지위를 계속 유지하고 있던 피고인 갑에게 주거침입죄가 성립한다고 볼 수 없고, 피고인 丙, 丁에 대하여도 같은 법 위반(공동주거침입)죄가 성립하지 않는다고 한 사례

【판결요지】

[1] [다수의견] (가) 형법은 제319조 제1항에서 '사람의 주거, 관리하는 건조물, 선박이나 항공기 또는 점유하는 방실에 침입한 자'를 주거침입죄로 처벌한다고 규정하고 있는바, 주거침입죄는 주거에 거주하는 거주자, 건조물이나 선박, 항공기의 관리자, 방실의 점유자 이외의 사람이 위 주거, 건조물, 선박이나 항공기, 방실(이하 '주거 등'이라 한다)에 침입한 경우에 성립한다. 따라서 주거침입죄의 객체는 행위자 이외의 사람, 즉 '타인'이 거주하는 주거 등이라고 할 것이므로 행위자 자신이 단독으로 또는 다른 사람과 공동으로 거주하거나 관리 또는 점유하는 주거 등에 임의로 출입하더라도 주거침입죄를 구성하지 않는다. 다만 다른 사람과 공동으로 주거에 거주하거나 건조물을 관리하던 사람이 공동생활관계에서 이탈하거나 주거 등에 대한 사실상의 지배·관리를 상실한 경우 등 특별한 사정이 있는 경우에 주거침입죄가 성립할 수 있을 뿐이다.

(나) 주거침입죄가 사실상 주거의 평온을 보호법익으로 하는 이상, 공동주거에서 생활하는 공동거주자 개개인은 각자 사실상 주거의 평온을 누릴 수 있다고 할 것이다. 그런데 공동거주자 각자는 특별한 사정이 없는 한 공동주거관계의 취지 및 특성에 맞추어 공동주거 중 공동생활의 장소로 설정한 부분에 출입하여 공동의 공간을 이용할 수 있는 것과 같은 이유로, 다른 공동거

주자가 이에 출입하여 이용하는 것을 용인할 수인의무도 있다. 그것이 공동거주자가 공동주거를 이용하는 보편적인 모습이기도 하다. 이처럼 공동거주자 각자가 공동생활의 장소에서 누리는 사실상 주거의 평온이라는 법익은 공동거주자 상호 간의 관계로 인하여 일정 부분 제약될 수밖에 없고, 공동거주자는 이러한 사정에 대한 상호 용인하에 공동주거관계를 형성하기로 하였다고 보아야 한다. 따라서 공동거주자 상호 간에는 특별한 사정이 없는 한 다른 공동거주자가 공동생활의 장소에 자유로이 출입하고 이를 이용하는 것을 금지할 수 없다.

공동거주자 중 한 사람이 법률적인 근거 기타 정당한 이유 없이 다른 공동거주자가 공동생활의 장소에 출입하는 것을 금지한 경우, 다른 공동거주자가 이에 대항하여 공동생활의 장소에 들어갔더라도 이는 사전 양해된 공동주거의 취지 및 특성에 맞추어 공동생활의 장소를 이용하기 위한 방편에 불과할 뿐, 그의 출입을 금지한 공동거주자의 사실상 주거의 평온이라는 법익을 침해하는 행위라고는 볼 수 없으므로 주거침입죄는 성립하지 않는다. 설령 그 공동거주자가 공동생활의 장소에 출입하기 위하여 출입문의 잠금장치를 손괴하는 등 다소간의 물리력을 행사하여 그 출입을 금지한 공동거주자의 사실상 평온상태를 해쳤더라도 그러한 행위 자체를 처벌하는 별도의 규정에 따라 처벌될 수 있음은 별론으로 하고, 주거침입죄가 성립하지 아니함은 마찬가지이다.

(다) 공동거주자 각자가 상호 용인한 통상적인 공동생활 장소의 출입 및 이용행위의 내용과 범위는 공동주거의 형태와 성질, 공동주거를 형성하게 된 경위 등에 따라 개별적·구체적으로 살펴보아야 한다. 공동거주자 중 한 사람의 승낙에 따른 외부인의 공동생활 장소의 출입 및 이용행위가 외부인의 출입을 승낙한 공동거주자의 통상적인 공동생활 장소의 출입 및 이용행위의 일

환이자 이에 수반되는 행위로 평가할 수 있는 경우에는 이러한 외부인의 행위는 전체적으로 그 공동거주자의 행위와 동일하게 평가할 수 있다. 따라서 공동거주자 중 한 사람이 법률적인 근거 기타 정당한 이유 없이 다른 공동거주자가 공동생활의 장소에 출입하는 것을 금지하고, 이에 대항하여 다른 공동거주자가 공동생활의 장소에 들어가는 과정에서 그의 출입을 금지한 공동거주자의 사실상 평온상태를 해쳤더라도 주거침입죄가 성립하지 않는 경우로서, 그 공동거주자의 승낙을 받아 공동생활의 장소에 함께 들어간 외부인의 출입 및 이용행위가 전체적으로 그의 출입을 승낙한 공동거주자의 통상적인 공동생활 장소의 출입 및 이용행위의 일환이자 이에 수반되는 행위로 평가할 수 있는 경우라면, 이를 금지하는 공동거주자의 사실상 평온상태를 해쳤음에도 불구하고 그 외부인에 대하여도 역시 주거침입죄가 성립하지 않는다고 봄이 타당하다.

[대법관 이기택의 별개의견] (가) 대법원 2021. 9. 9. 선고 2020도12630 전원합의체 판결의 법리에 따라 살펴본다. 주거침입죄의 구성요건적 행위인 침입의 의미가 '거주자가 주거에서 누리는 사실상의 평온상태를 해치는 행위태양으로 주거에 들어가는 것'을 의미하고, 이에 해당하는지 여부는 출입 당시 객관적·외형적으로 드러난 행위태양을 기준으로 판단함이 원칙이다.

하지만 침입에 해당하는지 여부는 기본적으로 거주자의 의사해석의 문제이다. 사실상의 평온을 해치는 행위태양으로 주거에 들어가는 것이라면 대체로 거주자의 의사에 반하는 것으로 해석된다.

(나) 행위자의 출입이 거주자의 의사에 반하는지는 출입 당시의 객관적 사정을 구체적으로 고려하여 거주자의 진정한 의사를 합리적으로 해석하여 판단하여야 한다. 거주자의 의사에 반하는지는

외부적으로 드러난 의사를 기준으로 판단하는 것이 원칙이라고 할 것이나, 그 외 출입 당시의 상황 등 구체적인 사실관계에 따라 달리 판단될 수 있는 경우가 있을 수 있다. 결국 거주자의 의사에 반하는지에 관한 해석은 사실인정의 영역이라고 할 것이다.

(다) 거주자가 명시적으로 출입금지의 의사를 표시한 경우 그러한 출입금지의 의사에 반하여 주거에 들어간 경우에는 대체로 침입에 해당한다고 볼 수 있을 것이다.

한편 거주자의 출입금지에 관한 의사에는 그 이유가 있기 마련이다. 거주자의 의사에 반하는지를 판단함에 있어서도 거주자가 출입을 금지한 이유를 알아야 비로소 그 진정한 의사가 확인되는 경우가 있다. 이러한 경우 단순히 외부적으로 표시한 출입금지의 의사를 기준으로 하여 거주자의 의사에 반하는 것이라고 해석할 경우 부당한 결론에 이르게 되는 경우가 있을 수 있다. 이렇게 되면 주거침입죄의 가벌성의 범위가 부당하게 넓어질 수 있다. 그만큼 거주자의 의사에 반하는지를 판단함에 있어 거주자의 진정한 의사가 중요한 이유이다.

거주자가 명시적으로 출입금지의 의사를 표시하였더라도 그러한 의사에 전제나 배경이 있는 경우가 있을 수 있다. 가령 거주자가 출입이 허용되는 신분이나 자격을 전제로 출입 허용 여부를 정한 경우를 생각해 볼 수 있다. 이러한 경우에는 출입이 허용되는 신분이나 자격이 있는 사람이 출입한 경우에는 침입이라고 볼 수 없으나 출입이 허용되지 않는 신분이나 출입 자격이 없는 경우에는 침입이라고 볼 수 있다.

[대법관 조재연, 대법관 민유숙, 대법관 이동원의 반대의견] (가) 대법원은2021. 9. 9. 선고 2020도12630 전원합의체 판결로 주거침입죄의 보호법익이 '주거권'이 아니고 '사실상 주거의 평온'이라는 점

을 재확인하였다. 이는 공동주거의 경우에도 동일하다.

(나) 주거 내에 현재하는 공동거주자가 출입을 금지하였는데도 불구하고 폭력적인 방법 또는 비정상적인 경로로 공동주거에 출입한 경우는 출입 당시 객관적·외형적으로 드러난 행위태양에 비추어 주거 내에 현재하는 공동거주자의 평온상태를 명백히 해치는 것이어서 침입행위에 해당하므로 주거침입죄가 성립한다. 그러한 주거침입행위자가 스스로 집을 나간 공동거주자이거나, 그 공동거주자로부터 승낙을 받은 외부인이라 하여도 마찬가지이다.

(다) 다수의견은 행위자가 공동으로 거주하거나 관리 또는 점유하는 주거 등에 다른 공동거주자의 사실상 평온상태를 해치는 행위태양으로 출입하더라도 주거침입죄를 구성하지 않는다고 하나, 찬성할 수 없다.

[2] 피고인 甲은 처(妻) 乙과의 불화로 인해 乙과 공동생활을 영위하던 아파트에서 짐 일부를 챙겨 나왔는데, 그 후 자신의 부모인 피고인 丙, 丁과 함께 아파트에 찾아가 출입문을 열 것을 요구하였으나 乙은 외출한 상태로 乙의 동생인 戊가 출입문에 설치된 체인형 걸쇠를 걸어 "언니가 귀가하면 오라."며 문을 열어주지 않자 공동하여 걸쇠를 손괴한 후 아파트에 침입하였다고 하여 폭력행위 등 처벌에 관한 법률 위반(공동주거침입)으로 기소된 사안에서, 검사가 제출한 증거만으로는 피고인 甲이 아파트에서의 공동생활관계에서 이탈하였다거나 그에 대한 지배·관리를 상실하였다고 보기 어렵고, 공동거주자인 乙이나 그로부터 출입관리를 위탁받은 戊가 공동거주자인 피고인 甲의 출입을 금지할 법률적인 근거 기타 정당한 이유가 인정되지 않으므로, 아파트에 대한 공동거주자의 지위를 계속 유지하고 있던 피고인 甲이 아파트에 출입하는 과정에서 정당한 이유 없이 이를 금지하는 戊

의 조치에 대항하여 걸쇠를 손괴하는 등 물리력을 행사하였다고
하여 주거침입죄가 성립한다고 볼 수 없고, 한편 피고인 丙, 丁
은 공동거주자이자 아들인 피고인 甲의 공동주거인 아파트에 출
입함에 있어 무의 정당한 이유 없는 출입금지 조치에 대항하여
아파트에 출입하는 데에 가담한 것으로 볼 수 있고, 그 과정에서
피고인 甲이 걸쇠를 손괴하는 등 물리력을 행사하고 피고인 丙
도 이에 가담함으로써 공동으로 재물손괴 범죄를 저질렀으나 피
고인 丙의 행위는 그 실질에 있어 피고인 甲의 행위에 편승, 가
담한 것에 불과하므로, 피고인 丙, 丁이 아파트에 출입한 행위
자체는 전체적으로 공동거주자인 피고인 甲이 아파트에 출입하고
이를 이용하는 행위의 일환이자 이에 수반되어 이루어진 것에 해
당한다고 평가할 수 있어 피고인 丙, 丁에 대하여도 같은 법 위
반(공동주거침입)죄가 성립하지 않는다고 한 사례.

■ 디지털 성범죄에 관련된 판례

아동·청소년의성보호에관한법률위반(음란물제작·배포등)방조·아동·청소년의성보호에관한법률위반(음란물소지)·아동·청소년의성보호에관한법률위반(성착취물소지) [대구고등법원 2022.5.12., 선고, 2021노549, 판결 : 확정]

【판시사항】

피고인이 아동·청소년이용음란물 및 아동·청소년성착취물인 동영상과 사진 파일을 인터넷을 통해 다운로드받아 컴퓨터 하드디스크에 저장하여 소지하였다는 아동·청소년의 성보호에 관한 법률 위반의 공소사실로 기소되었는데, 수사기관은 '피고인이 텔레그램 N번방 그룹 및 채널에서 N번방 운영진이 제작·배포한 아동·청소년이용음란물을 정보통신기기 내 저장시키는 방법으로 소지하였다.'는 혐의사실로 발부받은 압수·수색영장을 집행하여 피고인의 컴퓨터 하드디스크를 압수하였고, 여기에서 N번방과 관련 없이 아동·청소년이 등장하는 사진 및 동영상 등의 음란물 파일이 다수 발견되자 이를 선별·압수한 다음 그 전자정보를 복사한 CD 및 그 출력본을 공소사실에 대한 증거로 제출한 사안에서, 위 CD 및 그 출력본은 증거능력이 인정된다고 한 사례

【판결요지】

피고인이 아동·청소년이용음란물 및 아동·청소년성착취물인 동영상과 사진 파일을 인터넷을 통해 다운로드받아 컴퓨터 하드디스크에 저장하여 소지하였다는 아동·청소년의 성보호에 관한 법률 위반의 공소사실로 기소되었는데, 수사기관은 '피고인이 텔레그램 N번방 그룹 및 채널에서 N번방 운영진이 제작·배포한 아동·청소년이용음란물을 정보

통신기기 내 저장시키는 방법으로 소지하였다.'는 혐의사실로 발부받은 압수·수색영장을 집행하여 피고인의 컴퓨터 하드디스크를 압수하였고, 여기에서 N번방과 관련 없이 아동·청소년이 등장하는 사진 및 동영상 등의 음란물 파일이 다수 발견되자 이를 선별·압수한 다음 그 전자정보(이하 '무관정보'라 한다)를 복사한 CD 및 그 출력본을 공소사실에 대한 증거로 제출한 사안이다.

압수·수색영장 기재 혐의사실의 요지는 '피고인이 N번방 관련 아동·청소년이용음란물을 소지하고 있다.'는 것이고, 공소사실의 요지는 피고인이 그 외의 아동·청소년이용음란물 또는 아동·청소년성착취물을 소지하고 있다는 것으로 죄명 및 적용 법령이 유사 또는 동일한 동종의 범행에 해당하는 점, 범행 경위와 압수·수색영장 발부 및 집행의 경위 등에 비추어 압수·수색영장을 발부받을 당시 피고인이 N번방 이외에 별개의 아동·청소년이용음란물을 소지하고 있었다는 점을 전혀 예견할 수 없었다고 보기 어려운 점, 무관정보는 압수·수색영장 기재 혐의사실을 범한 동기, 즉 피고인의 성적 기호 내지 경향성을 입증하는 간접증거인 점, 무관정보를 취득하는 수법은 인터넷으로 동영상 또는 사진 파일을 다운로드하는 것이어서 압수·수색영장 기재 혐의사실의 수법과 동일한 점 등을 종합하면, 압수·수색영장 기재 혐의사실과 공소사실 기재 범죄사실 사이에 객관적 관련성이 인정되고, 무관정보는 압수·수색영장 기재 혐의사실에 대한 범행 동기와 경위, 범행 수단과 방법 등을 증명하기 위한 간접증거나 정황증거 등으로 사용될 수 있어 수사기관의 무관정보 압수절차에 위법이 없고, 따라서 무관정보를 저장한 CD 및 그 출력본은 증거능력이 인정된다는 이유로, 이와 달리 보아 공소사실을 무죄로 판단한 제1심판결에 사실오인 및 법리

오해의 잘못이 있다고 한 사례이다.

성폭력방지 및 피해자보호 등에 관한 법률
(약칭: 성폭력방지법)
[시행 2021.7.13.] [법률 제17895호, 2021.1.12., 일부개정]

제1장 총칙

제1조(목적) 이 법은 성폭력을 예방하고 성폭력피해자를 보호·지원함으로써 인권증진에 이바지함을 목적으로 한다. <개정 2015.2.3.>

제2조(정의) 이 법에서 사용하는 용어의 뜻은 다음과 같다.
  1. "성폭력"이란「성폭력범죄의 처벌 등에 관한 특례법」제2조제1항에 규정된 죄에 해당하는 행위를 말한다.
  2. "성폭력행위자"란「성폭력범죄의 처벌 등에 관한 특례법」제2조제1항에 해당하는 죄를 범한 사람을 말한다.
  3. "성폭력피해자"란 성폭력으로 인하여 직접적으로 피해를 입은 사람을 말한다.

제3조(국가 등의 책무) ① 국가와 지방자치단체는 성폭력을 방지하고 성폭력피해자(이하 "피해자"라 한다)를 보호·지원하기 위하여 다음 각 호의 조치를 하여야 한다.
  1. 성폭력 신고체계의 구축·운영
  2. 성폭력 예방을 위한 조사·연구, 교육 및 홍보
  3. 피해자를 보호·지원하기 위한 시설의 설치·운영
  4. 피해자에 대한 주거지원, 직업훈련 및 법률구조 등 사회복귀 지원
  5. 피해자에 대한 보호·지원을 원활히 하기 위한 관련 기관 간 협력체계의 구축·운영
  6. 성폭력 예방을 위한 유해환경 개선
  7. 피해자 보호·지원을 위한 관계 법령의 정비와 각종 정책의 수

립·시행 및 평가

② 국가와 지방자치단체는 제1항에 따른 책무를 다하기 위하여 이에 따른 예산상의 조치를 하여야 한다.

제4조(성폭력 실태조사) ① 여성가족부장관은 성폭력의 실태를 파악하고 성폭력 방지에 관한 정책을 수립하기 위하여 3년마다 성폭력 실태조사를 하고 그 결과를 발표하여야 한다.

② 제1항에 따른 성폭력 실태조사의 내용과 방법 등에 필요한 사항은 여성가족부령으로 정한다.

제5조(성폭력 예방교육 등) ① 국가기관 및 지방자치단체의 장, 「유아교육법」 제7조에 따른 유치원의 장, 「영유아보육법」 제10조에 따른 어린이집의 원장, 「초·중등교육법」 제2조에 따른 각급 학교의 장, 「고등교육법」 제2조에 따른 학교의 장, 그 밖에 대통령령으로 정하는 공공단체의 장(이하 "국가기관등의 장"이라 한다)은 대통령령으로 정하는 바에 따라 성교육 및 성폭력 예방교육 실시, 기관 내 피해자 보호와 피해 예방을 위한 자체 예방지침 마련, 사건발생 시 재발방지대책 수립·시행 등 필요한 조치를 하고, 그 결과를 여성가족부장관에게 제출하여야 한다. <개정 2012.12.18., 2016.5. 29., 2021.1.12.>

② 제1항에 따른 교육을 실시하는 경우 「성매매방지 및 피해자보호 등에 관한 법률」 제4조에 따른 성매매 예방교육, 「양성평등기본법」 제31조에 따른 성희롱 예방교육 및 「가정폭력방지 및 피해자보호 등에 관한 법률」 제4조의3에 따른 가정폭력 예방교육 등을 성평등 관점에서 통합하여 실시할 수 있다. <신설 2014.1.21., 2014.5.28.>

③ 국가기관등의 장은 제1항에 따라 실시하는 성교육 및 성폭력 예방교육의 참여에 관한 사항을 소속 직원 및 종사자에 대한 승진, 전보, 교육훈련 등의 인사관리에 반영할 수 있다. <신설 2021.1.12.>

④「양성평등기본법」제3조제3호에 따른 사용자는 성교육 및 성
폭력 예방교육을 실시하는 등 직장 내 성폭력 예방을 위한 노력
을 하여야 한다. <신설 2015.2.3., 2021.1.12.>

⑤ 여성가족부장관 또는 특별시장·광역시장·특별자치시장·도지사·
특별자치도지사(이하 "시·도지사"라 한다)는 제1항에 따른 교육대
상에 포함되지 아니하는 국민에게 성교육 및 성폭력 예방교육을
실시할 수 있다. 이 경우 여성가족부장관 또는 시·도지사는 교육
에 관한 업무를 제5조의2에 따른 성폭력 예방교육 지원기관에 위
탁할 수 있다. <개정 2018.4.17., 2021.1.12.>

⑥ 여성가족부장관은 제1항과 제2항에 따른 교육을 효과적으로 실
시하기 위하여 전문강사를 양성하고, 관계 중앙행정기관의 장과 협
의하여 생애주기별 교육프로그램 및 장애인 등 대상별 특성을 고
려한 교육프로그램을 개발·보급하여야 한다. <신설 2012.12.18.,
2013.3.23., 2014.1.21., 2015.2.3., 2015.12.1., 2021.1.12.>

⑦ 여성가족부장관은 제1항에 따른 교육 및 성폭력 예방조치에
대한 점검을 대통령령으로 정하는 바에 따라 매년 실시하여야 한
다. <신설 2014.1.21., 2015.2.3., 2016.5.29., 2021.1.12.>

⑧ 여성가족부장관은 제7항에 따른 점검결과 교육이 부실하다고 인
정되는 기관·단체에 대하여 대통령령으로 정하는 바에 따라 관리자
특별교육 등 필요한 조치를 취하여야 한다. <신설 2014.1.21.,
2015.2.3., 2021.1.12.>

⑨ 여성가족부장관은 제7항에 따른 점검결과를 다음 각 호의 평
가에 반영하도록 해당 기관·단체의 장에게 요구할 수 있다. <신설
2014.1.21., 2015.2.3., 2021.1.12.>

1.「정부업무평가 기본법」제14조제1항 및 제18조제1항에 따른
   중앙행정기관 및 지방자치단체의 자체평가
2.「공공기관의 운영에 관한 법률」제48조제1항에 따른 공기업·

준정부기관의 경영실적평가

3. 「지방공기업법」 제78조제1항에 따른 지방공기업의 경영평가

4. 「초·중등교육법」 제9조제2항에 따른 학교 평가

5. 「고등교육법」 제11조의2제1항에 따른 학교 평가 및 같은 조 제2항에 따른 학교 평가·인증

⑩ 여성가족부장관은 제7항에 따른 점검결과를 대통령령으로 정하는 바에 따라 언론 등에 공표하여야 한다. 다만, 다른 법률에서 공표를 제한하고 있는 경우에는 그러하지 아니하다. <신설 2014.1.21., 2015.2.3., 2021.1.12.>

⑪ 관계 중앙행정기관의 장 및 시·도지사는 대통령령으로 정하는 바에 따라 매년 성폭력 예방에 필요한 계획을 수립·시행하여야 한다. <신설 2016.5.29., 2018.4.17., 2021.1.12.>

⑫ 제1항에 따른 교육의 내용과 방법, 결과 제출 절차 등에 필요한 사항은 대통령령으로 정한다. <개정 2012.12.18., 2014.1.21., 2015.2.3., 2016.5.29., 2021.1.12.>

[제목개정 2016.5.29.]

제5조의2(성폭력 예방교육 지원기관의 설치·운영 등) ① 여성가족부장관 또는 시·도지사는 성교육 및 성폭력 예방교육의 실시, 생애주기별 교육프로그램 개발·보급, 장애인 등 대상별 특성을 고려한 교육프로그램 개발·보급, 전문강사 양성 등의 업무를 수행하고 지원하기 위한 기관(이하 "지원기관"이라 한다)을 설치·운영할 수 있다. <개정 2015.12.1., 2018.4.17.>

② 여성가족부장관 또는 시·도지사는 지원기관의 운영을 대통령령으로 정하는 기관이나 단체에 위탁할 수 있다. <개정 2018.4.17.>

③ 지원기관의 업무 및 운영 등에 필요한 사항은 여성가족부령으로 정한다.

[본조신설 2012.12.18.]

제5조의3(성폭력 예방 홍보영상의 제작·배포·송출) ① 여성가족부장관은 성폭력의 예방과 방지, 피해자의 치료와 재활 등에 관한 홍보영상을 제작하여 「방송법」 제2조제23호의 방송편성책임자에게 배포하여야 한다.

② 여성가족부장관은 「방송법」 제2조제3호가목의 지상파방송사업자(이하 "방송사업자"라 한다)에게 같은 법 제73조제4항에 따라 대통령령으로 정하는 비상업적 공익광고 편성비율의 범위에서 제1항의 홍보영상을 채널별로 송출하도록 요청할 수 있다.

③ 방송사업자는 제1항의 홍보영상 외에 독자적으로 홍보영상을 제작하여 송출할 수 있다. 이 경우 여성가족부장관에게 필요한 협조 및 지원을 요청할 수 있다.

[본조신설 2012.12.18.]

제5조의4(성폭력 사건 발생 시 조치) ① 국가기관등의 장은 해당 기관에서 성폭력 사건이 발생한 사실을 알게 된 경우 피해자의 명시적인 반대의견이 없으면 지체 없이 그 사실을 여성가족부장관에게 통보하고, 해당 사실을 안 날부터 3개월 이내에 제5조제1항에 따른 재발방지대책을 여성가족부장관에게 제출하여야 한다.

② 여성가족부장관은 제1항에 따라 통보받은 사건이 중대하다고 판단되거나 재발방지대책의 점검 등을 위하여 필요한 경우 해당 기관에 대한 현장점검을 실시할 수 있으며, 점검 결과 시정이나 보완이 필요하다고 인정하는 경우에는 국가기관등의 장에게 시정이나 보완을 요구할 수 있다.

③ 제1항에 따른 재발방지대책의 제출 및 제2항에 따른 현장점검 등에 필요한 사항은 대통령령으로 정한다.

[본조신설 2021.1.12.]

제6조(성폭력 추방 주간) 성폭력에 대한 사회적 경각심을 높이고 성폭력을 예방하기 위하여 대통령령으로 정하는 바에 따라 1년 중 1주간을 성폭력 추방 주간으로 한다.

제7조(피해자등에 대한 취학 및 취업 지원) ① 국가와 지방자치단체는 피해자나 피해자의 가족구성원(이하 "피해자등"이라 한다)이 「초·중등교육법」 제2조에 따른 각급학교의 학생인 경우 주소지 외의 지역에서 취학(입학, 재입학, 전학 및 편입학을 포함한다. 이하 이 조에서 같다)할 필요가 있을 때에는 다음 각 호에 따라 그 취학이 원활히 이루어지도록 지원하여야 한다. 이 경우 취학을 지원하는 관계자는 피해자등의 사생활이 침해되지 아니하도록 유의하여야 한다. <개정 2020.1.29.>

1. 초등학교의 경우에는 다음 각 목에 따른다.
   가. 보호자가 피해자등을 주소지 외의 지역에 있는 초등학교에 입학시키려는 경우 초등학교의 장은 피해자등의 입학을 승낙하여야 한다.
   나. 피해자등이 초등학교에 다니고 있는 경우 그 초등학교의 장은 피해자등의 보호자(가해자가 아닌 보호자를 말한다) 1명의 동의를 받아 교육장에게 그 피해자등의 전학을 추천하여야 하고, 교육장은 전학할 학교를 지정하여 전학시켜야 한다.
2. 그 밖의 각급학교의 경우: 각급학교의 장은 피해자등이 다른 학교로 전학·편입학할 수 있도록 추천하여야 하고, 교육장 또는 교육감은 교육과정의 이수에 지장이 없는 범위에서 전학·편입학할 학교를 지정하여 배정하여야 한다. 이 경우 그 배정된 학교의 장은 피해자등의 전학·편입학을 거부할 수 없다.

② 출석일수 산입 등 제1항에 따른 취학 지원에 필요한 사항은 대통령령으로 정한다.

③ 국가와 지방자치단체는 피해자를 보호하는 자에 대한 직업훈련 및 취업을 알선할 수 있다. <신설 2011.3.30.>

④ 취업 지원 대상의 범위 등 제3항에 따른 취업 지원에 필요한 사항은 여성가족부령으로 정한다. <신설 2011.3.30.>

 [제목개정 2011.3.30.]

제7조의2(피해자에 대한 법률상담등) ① 국가는 피해자에 대하여 법률상담과 소송대리(訴訟代理) 등의 지원(이하 "법률상담등"이라 한다)을 할 수 있다.

② 여성가족부장관은 「법률구조법」 제8조에 따른 대한법률구조공단 또는 대통령령으로 정하는 그 밖의 기관에 제1항에 따른 법률상담등을 요청할 수 있다.

③ 제1항에 따른 법률상담등에 드는 비용은 대통령령으로 정하는 바에 따라 국가가 부담할 수 있다.

④ 제1항에 따른 법률상담등의 요건과 내용 및 절차 등은 대통령령으로 정한다.

 [본조신설 2012.2.1.]

제7조의3(불법촬영물등으로 인한 피해자에 대한 지원 등) ① 국가는 다음 각 호의 어느 하나에 해당하는 촬영물 또는 복제물 등(이하 이 조에서 "촬영물등"이라 한다)이 정보통신망(「정보통신망 이용촉진 및 정보보호 등에 관한 법률」 제2조제1항제1호의 정보통신망을 말한다. 이하 같다)에 유포되어 피해(촬영물등의 대상자로 등장하여 입은 피해를 말한다)를 입은 사람에 대하여 촬영물등의 삭제를 위한 지원을 할 수 있다. <개정 2020.1.29., 2021.1.12.>

 1. 「성폭력범죄의 처벌 등에 관한 특례법」 제14조에 따른 촬영물 또는 복제물(복제물의 복제물을 포함한다)

 2. 「성폭력범죄의 처벌 등에 관한 특례법」 제14조의2에 따른 편

집물등 또는 복제물(복제물의 복제물을 포함한다)

3. 「아동·청소년의 성보호에 관한 법률」 제2조제5호에 따른 아동·청소년성착취물

② 제1항에 따른 지원 대상자, 그 배우자(사실상의 혼인관계를 포함한다), 직계친족, 형제자매 또는 지원 대상자가 지정하는 대리인(이하 이 조에서 "삭제지원요청자"라 한다)은 국가에 촬영물등의 삭제를 위한 지원을 요청할 수 있다. 이 경우 지원 대상자가 지정하는 대리인은 여성가족부령으로 정하는 요건을 갖추어 삭제지원을 요청하여야 한다. <신설 2020.1.29., 2021.1.12.>

③ 국가는 다음 각 호의 어느 하나에 해당하는 촬영물등에 대해서는 삭제지원요청자의 요청 없이도 삭제를 위한 지원을 한다. 이 경우 범죄의 증거 인멸 등을 방지하기 위하여 해당 촬영물등과 관련된 자료를 보관하여야 한다. <신설 2021.1.12.>

1. 수사기관의 삭제지원 요청이 있는 제1항제1호 또는 제2호에 따른 촬영물등

2. 「아동·청소년의 성보호에 관한 법률」 제2조제5호에 따른 아동·청소년성착취물

④ 제1항에 따른 촬영물등 삭제지원에 소요되는 비용은 「성폭력범죄의 처벌 등에 관한 특례법」 제14조·제14조의2에 해당하는 죄를 범한 성폭력행위자 또는 「아동·청소년의 성보호에 관한 법률」 제11조에 해당하는 죄를 범한 아동·청소년대상 성범죄행위자가 부담한다. <개정 2020.1.29., 2021.1.12.>

⑤ 국가가 제1항에 따라 촬영물등 삭제지원에 소요되는 비용을 지출한 경우 제4항의 성폭력행위자 또는 아동·청소년대상 성범죄행위자에 대하여 구상권(求償權)을 행사할 수 있다. <개정 2020.1.29., 2021.1.12.>

⑥ 제1항 및 제2항에 따른 촬영물등 삭제지원의 내용·방법, 제3

항 후단에 따른 자료 보관의 방법·기간 및 제5항에 따른 구상권 행사의 절차·방법 등에 필요한 사항은 여성가족부령으로 정한다. <개정 2020.1.29., 2021.1.12.>

[본조신설 2018.3.13.]

[제목개정 2020.1.29.]

제8조(피해자 등에 대한 불이익조치의 금지) 누구든지 피해자 또는 성폭력 발생 사실을 신고한 자를 고용하고 있는 자는 성폭력과 관련하여 피해자 또는 성폭력 발생 사실을 신고한 자에게 다음 각 호의 어느 하나에 해당하는 불이익조치를 하여서는 아니 된다. <개정 2020.10.20., 2021.1.12.>

1. 파면, 해임, 해고, 그 밖에 신분상실에 해당하는 불이익조치
2. 징계, 정직, 감봉, 강등, 승진 제한, 그 밖의 부당한 인사조치
3. 전보, 전근, 직무 미부여, 직무 재배치, 그 밖에 본인의 의사에 반하는 인사조치
4. 성과평가 또는 동료평가 등에서의 차별이나 그에 따른 임금 또는 상여금 등의 차별 지급
5. 직업능력 개발 및 향상을 위한 교육훈련 기회의 제한, 예산 또는 인력 등 가용자원의 제한 또는 제거, 보안정보 또는 비밀정보 사용의 정지 또는 취급자격의 취소, 그 밖에 근무조건 등에 부정적 영향을 미치는 차별 또는 조치
6. 주의 대상자 명단 작성 또는 그 명단의 공개, 집단 따돌림, 폭행 또는 폭언 등 정신적·신체적 손상을 가져오는 행위 또는 그 행위의 발생을 방치하는 행위
7. 직무에 대한 부당한 감사 또는 조사나 그 결과의 공개
8. 그 밖에 본인의 의사에 반하는 불이익조치

[제목개정 2020.10.20., 2021.1.12.]

제9조(신고의무) ① 19세 미만의 미성년자(19세에 도달하는 해의 1월 1일을 맞이한 미성년자는 제외한다)를 보호하거나 교육 또는 치료하는 시설의 장 및 관련 종사자는 자기의 보호·지원을 받는 자가 「성폭력범죄의 처벌 등에 관한 특례법」 제3조부터 제9조까지, 「형법」 제301조 및 제301조의2의 피해자인 사실을 알게 된 때에는 즉시 수사기관에 신고하여야 한다. <개정 2021.1.12.>

② 국가기관, 지방자치단체 또는 대통령령으로 정하는 공공단체의 장과 해당 기관·단체 내 피해자 보호 관련 업무 종사자는 기관 또는 단체 내에서 다음 각 호의 어느 하나에 해당하는 성폭력 사건이 발생한 사실을 직무상 알게 된 때에는 피해자의 명시적인 반대의견이 없으면 즉시 수사기관에 신고하여야 한다. <신설 2021.1.12.>

1. 「성폭력범죄의 처벌 등에 관한 특례법」 제10조제1항
2. 「형법」 제303조제1항

제2장 피해자 보호 · 지원 시설 등의 설치 · 운영

제10조(상담소의 설치·운영) ① 국가 또는 지방자치단체는 성폭력피해상담소(이하 "상담소"라 한다)를 설치·운영할 수 있다.

② 국가 또는 지방자치단체 외의 자가 상담소를 설치·운영하려면 특별자치시장·특별자치도지사 또는 시장·군수·구청장(자치구의 구청장을 말한다. 이하 같다)에게 신고하여야 한다. 신고한 사항 중 여성가족부령으로 정하는 중요 사항을 변경하려는 경우에도 또한 같다. <개정 2012.12.18., 2018.3.13.>

③ 특별자치시장·특별자치도지사 또는 시장·군수·구청장은 제2항에 따른 신고를 받은 날부터 10일 이내(변경신고의 경우 5일 이내)에 신고수리 여부 또는 민원 처리 관련 법령에 따른 처리기간의 연장을 신고인에게 통지하여야 한다. <신설 2018.3.13.>

④ 상담소의 설치·운영 기준, 상담소에 두는 상담원 등 종사자의 수 및 신고 등에 필요한 사항은 여성가족부령으로 정한다. <개정 2018.3.13.>

제11조(상담소의 업무) 상담소는 다음 각 호의 업무를 한다. <개정 2011.3.30.>
1. 성폭력피해의 신고접수와 이에 관한 상담
2. 성폭력피해로 인하여 정상적인 가정생활 또는 사회생활이 곤란하거나 그 밖의 사정으로 긴급히 보호할 필요가 있는 사람과 제12조에 따른 성폭력피해자보호시설 등의 연계
3. 피해자등의 질병치료와 건강관리를 위하여 의료기관에 인도하는 등 의료 지원
4. 피해자에 대한 수사기관의 조사와 법원의 증인신문(證人訊問) 등에의 동행
5. 성폭력행위자에 대한 고소와 피해배상청구 등 사법처리 절차에 관하여 「법률구조법」 제8조에 따른 대한법률구조공단 등 관계기관에 필요한 협조 및 지원 요청
6. 성폭력 예방을 위한 홍보 및 교육
7. 그 밖에 성폭력 및 성폭력피해에 관한 조사·연구

제12조(보호시설의 설치·운영 및 종류) ① 국가 또는 지방자치단체는 성폭력피해자보호시설(이하 "보호시설"이라 한다)을 설치·운영할 수 있다. <개정 2012.12.18.>
② 「사회복지사업법」에 따른 사회복지법인이나 그 밖의 비영리법인은 특별자치시장·특별자치도지사 또는 시장·군수·구청장의 인가를 받아 보호시설을 설치·운영할 수 있다. <개정 2012.12.18.>
③ 제1항 및 제2항에 따른 보호시설의 종류는 다음 각 호와 같다. <신설 2012.12.18., 2015.2.3.>

1. 일반보호시설: 피해자에게 제13조제1항 각 호의 사항을 제공하는 시설
2. 장애인보호시설: 「장애인차별금지 및 권리구제 등에 관한 법률」 제2조제2항에 따른 장애인인 피해자에게 제13조제1항 각 호의 사항을 제공하는 시설
3. 특별지원 보호시설: 「성폭력범죄의 처벌 등에 관한 특례법」 제5조에 따른 피해자로서 19세 미만의 피해자에게 제13조제1항 각 호의 사항을 제공하는 시설
4. 외국인보호시설: 외국인 피해자에게 제13조제1항 각 호의 사항을 제공하는 시설. 다만, 「가정폭력방지 및 피해자보호 등에 관한 법률」 제7조의2제1항제3호에 따른 외국인보호시설과 통합하여 운영할 수 있다.
5. 자립지원 공동생활시설: 제1호부터 제4호까지의 보호시설을 퇴소한 사람에게 제13조제1항제3호 및 그 밖에 필요한 사항을 제공하는 시설
6. 장애인 자립지원 공동생활시설: 제2호의 보호시설을 퇴소한 사람에게 제13조제1항제3호 및 그 밖에 필요한 사항을 제공하는 시설

④ 국가 또는 지방자치단체는 보호시설의 설치·운영을 대통령령으로 정하는 기관 또는 단체에 위탁할 수 있다. <신설 2015.12.1.>

⑤ 보호시설의 설치·운영 기준, 보호시설에 두는 상담원 등 종사자의 수 및 인가 절차 등과 제4항에 따른 위탁에 필요한 사항은 여성가족부령으로 정한다. <개정 2012.12.18., 2015.12.1.>

[제목개정 2012.12.18.]

제13조(보호시설의 업무 등) ① 보호시설은 다음 각 호의 업무를 한다. <개정 2011.3.30.>

1. 피해자등의 보호 및 숙식 제공
2. 피해자등의 심리적 안정과 사회 적응을 위한 상담 및 치료
3. 자립·자활 교육의 실시와 취업정보의 제공
4. 제11조제3호·제4호 및 제5호의 업무
5. 다른 법률에 따라 보호시설에 위탁된 업무
6. 그 밖에 피해자등을 보호하기 위하여 필요한 업무
② 제12조제3항제2호에 따른 장애인보호시설 및 같은 항 제6호에 따른 장애인 자립지원 공동생활시설을 설치·운영하는 자가 제1항 각 호의 업무를 할 때에는 장애인의 특성을 고려하여 적절하게 보호·지원될 수 있도록 하여야 한다. <개정 2012.12.18., 2015.2.3.>

제14조(보호시설에 대한 보호비용 지원) ① 국가 또는 지방자치단체는 보호시설에 입소한 피해자등의 보호를 위하여 필요한 경우 다음 각 호의 보호비용을 보호시설의 장 또는 피해자에게 지원할 수 있다. 다만, 보호시설에 입소한 피해자등이 「국민기초생활 보장법」 등 다른 법령에 따라 보호를 받고 있는 경우에는 그 범위에서 이 법에 따른 지원을 하지 아니한다.
1. 생계비
2. 아동교육지원비
3. 아동양육비
4. 그 밖에 대통령령으로 정하는 비용
② 제1항에 따른 보호비용의 지원 방법 및 절차 등에 필요한 사항은 여성가족부령으로 정한다.

제15조(보호시설의 입소) ① 피해자등이 다음 각 호의 어느 하나에 해당하는 경우에는 보호시설에 입소할 수 있다.
1. 본인이 입소를 희망하거나 입소에 동의하는 경우
2. 미성년자 또는 지적장애인 등 의사능력이 불완전한 사람으로

서 성폭력행위자가 아닌 보호자가 입소에 동의하는 경우

② 제12조제2항에 따라 인가받은 보호시설의 장은 제1항에 따라 보호시설에 입소한 사람의 인적사항 및 입소사유 등을 특별자치시장·특별자치도지사 또는 시장·군수·구청장에게 지체 없이 보고하여야 한다. <개정 2012.12.18.>

③ 보호시설의 장은 친족에 의한 피해자나 지적장애인 등 의사능력이 불완전한 피해자로서 상담원의 상담 결과 입소가 필요하나 보호자의 입소 동의를 받는 것이 적절하지 못하다고 인정하는 경우에는 제1항에도 불구하고 보호시설에 입소하게 할 수 있다. 이 경우 제12조제2항에 따라 인가받은 보호시설의 장은 지체 없이 관할 특별자치시장·특별자치도지사 또는 시장·군수·구청장의 승인을 받아야 한다. <개정 2012.12.18.>

④ 제3항에 따른 입소 및 승인에 있어서 보호시설의 장과 특별자치시장·특별자치도지사 또는 시장·군수·구청장은 피해자의 권익보호를 최우선적으로 고려하여야 한다. <개정 2012.12.18.>

제16조(보호시설의 입소기간) ① 제12조제3항에 따른 보호시설의 종류별 입소기간은 다음 각 호와 같다. <개정 2014.1.21., 2015.2.3.>

1. 일반보호시설: 1년 이내. 다만, 여성가족부령으로 정하는 바에 따라 1년 6개월의 범위에서 한 차례 연장할 수 있다.

2. 장애인보호시설: 2년 이내. 다만, 여성가족부령으로 정하는 바에 따라 피해회복에 소요되는 기간까지 연장할 수 있다.

3. 특별지원 보호시설: 19세가 될 때까지. 다만, 여성가족부령으로 정하는 바에 따라 2년의 범위에서 한 차례 연장할 수 있다.

4. 외국인보호시설: 1년 이내. 다만, 여성가족부령으로 정하는 바에 따라 피해회복에 소요되는 기간까지 연장할 수 있다.

5. 자립지원 공동생활시설: 2년 이내. 다만, 여성가족부령으로 정

하는 바에 따라 2년의 범위에서 한 차례 연장할 수 있다.

6. 장애인 자립지원 공동생활시설: 2년 이내. 다만, 여성가족부령으로 정하는 바에 따라 2년의 범위에서 한 차례 연장할 수 있다.

② 제1항제1호에도 불구하고 일반보호시설에 입소한 피해자가 대통령령으로 정하는 특별한 사유에 해당하는 경우에는 입소기간을 초과하여 연장할 수 있다.

③ 제2항에 따른 입소기간의 연장에 관한 사항은 여성가족부령으로 정한다.

[전문개정 2012.12.18.]

제17조(보호시설의 퇴소) ① 제15조제1항에 따라 보호시설에 입소한 사람은 본인의 의사 또는 같은 항 제2호에 따라 입소 동의를 한 보호자의 요청에 따라 보호시설에서 퇴소할 수 있다.

② 보호시설의 장은 입소한 사람이 다음 각 호의 어느 하나에 해당하면 퇴소를 명할 수 있다.

1. 보호 목적이 달성된 경우

2. 제16조에 따른 보호기간이 끝난 경우

3. 입소자가 거짓이나 그 밖의 부정한 방법으로 입소한 경우

4. 그 밖에 보호시설 안에서 현저한 질서문란 행위를 한 경우

제18조(피해자를 위한 통합지원센터의 설치·운영) ① 국가와 지방자치단체는 성폭력 피해상담, 치료, 제7조의2제2항에 따른 기관에 법률상담등 연계, 수사지원, 그 밖에 피해구제를 위한 지원업무를 종합적으로 수행하기 위하여 성폭력피해자통합지원센터(이하 "통합지원센터"라 한다)를 설치·운영할 수 있다. <개정 2015.12.1.>

② 국가와 지방자치단체는 대통령령으로 정하는 기관 또는 단체로 하여금 통합지원센터를 설치·운영하게 할 수 있다.

③ 통합지원센터에 두는 상담원 등 종사자의 수 등에 필요한 사

항은 여성가족부령으로 정한다.

제19조(상담원 등의 자격기준) ① 다음 각 호의 어느 하나에 해당하는 사람은 상담소, 보호시설 및 통합지원센터의 장, 상담원 또는 그 밖의 종사자가 될 수 없다. <개정 2014.1.21., 2017.12.12.>

1. 미성년자, 피성년후견인 또는 피한정후견인
2. 삭제 <2015.2.3.>
3. 금고 이상의 형을 선고받고 그 집행이 종료(집행이 종료된 것으로 보는 경우를 포함한다)되지 아니하였거나 그 집행을 받지 아니하기로 확정되지 아니한 사람
4. 「성폭력범죄의 처벌 등에 관한 특례법」제2조의 죄 또는 「아동·청소년의 성보호에 관한 법률」제2조제2호의 죄를 범하여 형 또는 치료감호를 선고받고 그 형 또는 치료감호의 전부 또는 일부의 집행이 종료되거나 집행이 유예·면제된 날부터 10년이 지나지 아니한 사람

② 상담소, 보호시설 및 통합지원센터에서 종사하려는 사람은 전문지식이나 경력 등 대통령령으로 정하는 자격기준을 갖추어야 한다.

제19조의2(상담원 교육훈련시설) ① 국가와 지방자치단체(특별시·광역시·특별자치시·도·특별자치도에 한정한다)는 상담원(상담원이 되려는 사람을 포함한다)의 자질을 향상시키기 위하여 상담원에 대한 전문적인 교육·훈련을 담당하는 시설(이하 "교육훈련시설"이라 한다)을 설치·운영할 수 있다.

② 여성가족부장관 또는 시·도지사는 상담원에 대한 전문적인 교육·훈련을 대통령령으로 정하는 기관 또는 단체에 위탁하거나 이를 교육훈련시설로 지정할 수 있다. <개정 2018.4.17.>

③ 다음 각 호의 자로서 교육훈련시설을 설치하려는 자는 특별자치시장·특별자치도지사 또는 시장·군수·구청장에게 신고하여야 한

다. 신고한 사항 중 여성가족부령으로 정하는 중요 사항을 변경하려는 경우에도 또한 같다. <개정 2015.2.3., 2018.3.13.>

1. 「고등교육법」에 따른 학교를 설립·운영하는 학교법인
2. 법률구조법인
3. 사회복지법인
4. 그 밖의 비영리법인이나 단체

④ 특별자치시장·특별자치도지사 또는 시장·군수·구청장은 제3항에 따른 신고를 받은 날부터 10일 이내(변경신고의 경우 5일 이내)에 신고수리 여부 또는 민원 처리 관련 법령에 따른 처리기간의 연장을 신고인에게 통지하여야 한다. <신설 2018.3.13.>

⑤ 교육훈련시설의 설치 및 지정 기준, 교육훈련시설에 두는 강사의 자격과 수, 상담원 교육훈련과정의 운영기준 및 신고절차 등에 필요한 사항은 여성가족부령으로 정한다. <개정 2018.3.13.>

[본조신설 2012.12.18.]

제20조(보수교육의 실시) ① 여성가족부장관 또는 시·도지사는 상담소, 보호시설 및 통합지원센터 종사자의 자질을 향상시키기 위하여 보수(補修)교육을 실시하여야 한다. <개정 2012.12.18.>

② 여성가족부장관 또는 시·도지사는 제1항에 따른 교육에 관한 업무를 「고등교육법」 제2조제1호 및 제4호에 따른 대학 및 전문대학 또는 대통령령으로 정하는 전문기관에 위탁할 수 있다.

③ 제1항에 따른 보수교육의 내용·기간 및 방법 등에 필요한 사항은 여성가족부령으로 정한다.

제21조(폐지·휴지 등의 신고) ① 제10조제2항, 제12조제2항 또는 제19조의2제3항에 따라 설치한 상담소, 보호시설 또는 교육훈련시설을 폐지하거나 휴지(休止) 또는 재개(再開)하려는 경우에는 여성가족부령으로 정하는 바에 따라 미리 특별자치시장·특별자치도지사 또는 시

장·군수·구청장에게 신고하여야 한다. <개정 2012.12.18., 2016.3.2.>

② 특별자치시장·특별자치도지사 또는 시장·군수·구청장은 제1항에 따른 폐지 또는 휴지신고를 받은 경우 그 내용을 검토하여 이 법에 적합하면 신고를 수리하여야 한다. <신설 2018.3.13.>

③ 상담소의 장, 보호시설의 장 또는 교육훈련시설의 장은 해당 시설을 폐지 또는 휴지하는 경우에는 여성가족부령으로 정하는 바에 따라 해당 시설을 이용하는 사람이 다른 시설로 옮길 수 있도록 하는 등 시설 이용자의 권익을 보호하기 위한 조치를 하여야 한다. <신설 2016.3.2., 2018.3.13.>

④ 특별자치시장·특별자치도지사 또는 시장·군수·구청장은 제1항에 따른 상담소, 보호시설 또는 교육훈련시설의 폐지 또는 휴지의 신고를 받은 경우 해당 시설의 장이 제3항에 따른 시설 이용자의 권익을 보호하기 위한 조치를 하였는지 여부를 확인하는 등 여성가족부령으로 정하는 조치를 하여야 한다. <신설 2016.3.2., 2018.3.13.>

제22조(시정 명령) 특별자치시장·특별자치도지사 또는 시장·군수·구청장은 상담소, 보호시설 또는 교육훈련시설이 다음 각 호의 어느 하나에 해당하는 경우에는 기간을 정하여 시정을 명할 수 있다. <개정 2012.12.18., 2015.2.3., 2015.12.1., 2016.3.2., 2018.3.13.>

1. 제10조제4항 또는 제12조제5항에 따른 설치·운영 기준 및 종사자의 수에 미달하게 된 경우
2. 상담소 또는 보호시설의 상담원 등이 제19조에 따른 자격기준에 미달하게 된 경우
3. 제19조의2제5항에 따른 설치·지정 기준 또는 운영기준에 미달하게 되거나 강사의 수가 부족한 경우 또는 자격이 없는 사람을 채용한 경우
4. 제21조제1항에 따라 신고한 휴지기간을 초과하여 운영을 재개

하지 아니한 경우

제23조(인가의 취소 등) ① 특별자치시장·특별자치도지사 또는 시장·군수·구청장은 상담소, 보호시설 또는 교육훈련시설이 다음 각 호의 어느 하나에 해당하는 경우에는 그 업무의 폐지 또는 정지를 명하거나 인가를 취소할 수 있다. <개정 2012.12.18.>
1. 제22조에 따른 시정 명령을 위반한 경우
2. 제29조를 위반하여 영리를 목적으로 상담소, 보호시설 또는 교육훈련시설을 설치·운영한 경우
3. 정당한 사유 없이 제32조제1항에 따른 보고를 하지 아니하거나 거짓으로 보고한 경우 또는 조사·검사를 거부하거나 기피한 경우
② 특별자치시장·특별자치도지사 또는 시장·군수·구청장은 상담소, 보호시설 또는 교육훈련시설이 제1항에 따라 업무가 폐지 또는 정지되거나 인가가 취소되는 경우에는 해당 시설을 이용하는 사람이 다른 시설로 옮길 수 있도록 하는 등 여성가족부령으로 정하는 바에 따라 시설 이용자의 권익을 보호하기 위하여 필요한 조치를 하여야 한다. <신설 2016.3.2.>
③ 제1항에 따른 업무의 폐지·정지 또는 인가의 취소에 관한 세부 기준은 여성가족부령으로 정한다. <개정 2016.3.2.>

제24조(피해자등의 의사 존중) 상담소, 보호시설 및 통합지원센터의 장과 종사자는 피해자등이 분명히 밝힌 의사에 반하여 제11조 및 제13조제1항에 따른 업무 등을 할 수 없다.

제25조(상담소·보호시설 및 통합지원센터의 평가) ① 여성가족부장관은 상담소·보호시설 및 통합지원센터의 운영실적을 3년마다 평가하고, 시설의 감독 및 지원 등에 그 결과를 고려하여야 한다.
② 제1항에 따른 평가의 기준과 방법 등에 필요한 사항은 여성가족부령으로 정한다.

제26조(경비의 보조) ① 국가 또는 지방자치단체는 상담소, 보호시설 또는 통합지원센터의 설치·운영에 드는 경비를 보조할 수 있다. ② 제1항에 따라 경비를 보조할 때에는 제4조에 따른 성폭력 실태조사와 제25조에 따른 평가 및 제32조에 따른 보고 등의 결과를 고려하여야 한다.

제27조(성폭력 전담의료기관의 지정 등) ① 여성가족부장관, 특별자치시장·특별자치도지사 또는 시장·군수·구청장은 국립·공립병원, 보건소 또는 민간의료시설을 피해자등의 치료를 위한 전담의료기관으로 지정할 수 있다. <개정 2011.3.30., 2012.12.18.>
② 제1항에 따라 지정된 전담의료기관은 피해자 본인·가족·친지나 긴급전화센터, 상담소, 보호시설 또는 통합지원센터의 장 등이 요청하면 피해자등에 대하여 다음 각 호의 의료 지원을 하여야 한다. <개정 2011.3.30.>
1. 보건 상담 및 지도
2. 치료
3. 그 밖에 대통령령으로 정하는 신체적·정신적 치료
③ 여성가족부장관, 특별자치시장·특별자치도지사 또는 시장·군수·구청장은 제1항에 따라 지정한 전담의료기관이 다음 각 호의 어느 하나에 해당하는 경우에는 그 지정을 취소할 수 있다. 다만, 제1호에 해당하는 경우에는 그 지정을 취소하여야 한다. <신설 2015.2.3.>
1. 거짓이나 그 밖의 부정한 방법으로 지정을 받은 경우
2. 정당한 사유 없이 제2항에 따른 의료 지원을 거부한 경우
3. 그 밖에 전담의료기관으로서 적합하지 아니하다고 대통령령으로 정하는 경우
④ 여성가족부장관, 특별자치시장·특별자치도지사 또는 시장·군수·구청장은 제3항에 따라 지정을 취소하는 경우에는 청문을 하여야

한다. <신설 2015.2.3.>

⑤ 제1항 및 제3항에 따른 지정 및 지정 취소의 기준, 절차, 운영 등에 필요한 사항은 여성가족부령으로 정한다. <신설 2015.2.3.>

제28조(의료비 지원) ① 국가 또는 지방자치단체는 제27조제2항에 따른 치료 등 의료 지원에 필요한 경비의 전부 또는 일부를 지원할 수 있다.

② 제1항에 따른 의료비용의 지원범위 및 절차 등에 필요한 사항은 여성가족부령으로 정한다.

제29조(영리목적 운영의 금지) 누구든지 영리를 목적으로 상담소, 보호시설 또는 교육훈련시설을 설치·운영하여서는 아니 된다. 다만, 교육훈련시설의 장은 상담원 교육훈련과정을 수강하는 사람에게 여성가족부장관이 정하는 바에 따라 수강료를 받을 수 있다. <개정 2012.12.18.>

제30조(비밀 엄수의 의무) 상담소, 보호시설 또는 통합지원센터의 장이나 그 밖의 종사자 또는 그 직에 있었던 사람은 그 직무상 알게 된 비밀을 누설하여서는 아니 된다.

제3장 보칙

제31조(경찰관서의 협조) 상담소, 보호시설 또는 통합지원센터의 장은 피해자등을 긴급히 구조할 필요가 있을 때에는 경찰관서(지구대·파출소 및 출장소를 포함한다)의 장에게 그 소속 직원의 동행을 요청할 수 있으며, 요청을 받은 경찰관서의 장은 특별한 사유가 없으면 이에 따라야 한다. <개정 2011.3.30.>

제31조의2(사법경찰관리의 현장출동 등) ① 사법경찰관리는 성폭력 신고가 접수된 때에는 지체 없이 신고된 현장에 출동하여야 한다.

② 제1항에 따라 출동한 사법경찰관리는 신고된 현장에 출입하여 관계인에 대하여 조사를 하거나 질문을 할 수 있다.

③ 제2항에 따라 출입, 조사 또는 질문을 하는 사법경찰관리는 그 권한을 표시하는 증표를 지니고 이를 관계인에게 내보여야 한다.

④ 제2항에 따라 조사 또는 질문을 하는 사법경찰관리는 피해자·신고자·목격자 등이 자유롭게 진술할 수 있도록 성폭력행위자로부터 분리된 곳에서 조사하는 등 필요한 조치를 하여야 한다.

⑤ 누구든지 정당한 사유 없이 신고된 현장에 출동한 사법경찰관리에 대하여 현장조사를 거부하는 등 업무를 방해하여서는 아니 된다.

[본조신설 2017.3.21.]

제32조(보고 및 검사 등) ① 여성가족부장관 또는 지방자치단체의 장은 상담소, 보호시설, 통합지원센터 또는 교육훈련시설의 장에게 해당 시설에 관하여 필요한 보고를 하게 할 수 있으며, 관계 공무원으로 하여금 그 시설의 운영 상황을 조사하게 하거나 장부 또는 그 밖의 서류를 검사하게 할 수 있다. <개정 2012.12.18., 2015.12.1.>

② 제1항에 따라 검사를 하는 공무원은 사전에 검사 일시, 검사 목적 등에 관한 사항을 그 시설의 장에게 통보하여야 한다.

③ 제1항에 따라 직무를 수행하는 관계 공무원은 그 권한을 표시하는 증표를 지니고 이를 관계인에게 보여주어야 한다.

제33조(유사명칭 사용 금지) 이 법에 따른 상담소, 보호시설, 통합지원센터, 교육훈련시설이 아니면 성폭력피해상담소, 성폭력피해자보호시설, 성폭력피해자통합지원센터, 성폭력 관련 상담원 교육훈련시설 또는 이와 유사한 명칭을 사용하지 못한다.

[전문개정 2012.12.18.]

제34조(청문) 특별자치시장·특별자치도지사 또는 시장·군수·구청장은 제23조에 따라 업무의 폐지를 명하거나 인가를 취소하려면

청문을 하여야 한다. <개정 2012.12.18.>

제35조(권한의 위임) 이 법에 따른 여성가족부장관의 권한은 그 일부를 대통령령으로 정하는 바에 따라 시·도지사 또는 시장·군수·구청장에게 위임할 수 있다.

제4장 벌칙

제36조(벌칙) ① 제8조를 위반하여 피해자 또는 성폭력 발생 사실을 신고한 자에게 불이익조치를 한 자는 3년 이하의 징역 또는 3천만원 이하의 벌금에 처한다. <신설 2012.2.1., 2020.10.20., 2021.1.12.>

② 다음 각 호의 어느 하나에 해당하는 자는 2년 이하의 징역 또는 500만원 이하의 벌금에 처한다. <개정 2012.2.1., 2012.12.18., 2018.3.13.>

1. 제10조제2항 전단, 제12조제2항 또는 제19조의2제3항 전단을 위반하여 신고를 하지 아니하거나 인가를 받지 아니하고 상담소, 보호시설 또는 교육훈련시설을 설치·운영한 자
2. 제23조에 따른 업무의 폐지 또는 정지 명령이나 인가취소를 받고도 상담소, 보호시설 또는 교육훈련시설을 계속 운영한 자
3. 제29조에 따른 영리목적 운영 금지의무를 위반한 자
4. 제30조에 따른 비밀 엄수의 의무를 위반한 자

제37조(양벌규정) 법인의 대표자나 법인 또는 개인의 대리인, 사용인, 그 밖의 종사자가 그 법인 또는 개인의 업무에 관하여 제36조의 위반행위를 하면 그 행위자를 벌하는 외에 그 법인 또는 개인에게도 해당 조문의 벌금형을 과(科)한다. 다만, 법인 또는 개인이 그 위반행위를 방지하기 위하여 해당 업무에 관하여 상당한 주의와 감독을 게을리하지 아니한 경우에는 그러하지 아니하다.

제38조(과태료) ① 제31조의2제5항을 위반하여 정당한 사유 없이 현장조사를 거부하는 등 업무를 방해한 자에게는 500만원 이하의 과태료를 부과한다. <신설 2017.3.21.>

② 다음 각 호의 어느 하나에 해당하는 자에게는 300만원 이하의 과태료를 부과한다. <개정 2017.3.21., 2021.1.12.>

1. 제9조제2항을 위반하여 성폭력 사건이 발생한 사실을 신고하지 아니한 자

2. 정당한 사유 없이 제32조제1항에 따른 보고를 하지 아니하거나 거짓으로 보고한 자 또는 조사·검사를 거부하거나 기피한 자

3. 제33조에 따른 유사명칭 사용 금지의무를 위반한 자

③ 제1항 및 제2항에 따른 과태료는 대통령령으로 정하는 바에 따라 여성가족부장관 또는 지방자치단체의 장이 부과·징수한다. <개정 2012.12.18., 2015.12.1., 2017.3.21.>

부칙 <법률 제17538호, 2020.10.20.>
이 법은 공포 후 3개월이 경과한 날부터 시행한다.

성폭력범죄의 처벌 등에 관한 특례법
(약칭: 성폭력처벌법)
[시행 2022.7.1.] [법률 제18465호, 2021.9.24., 타법개정]

제1장 총칙

제1조(목적) 이 법은 성폭력범죄의 처벌 및 그 절차에 관한 특례를 규정함으로써 성폭력범죄 피해자의 생명과 신체의 안전을 보장하고 건강한 사회질서의 확립에 이바지함을 목적으로 한다.

제2조(정의) ① 이 법에서 "성폭력범죄"란 다음 각 호의 어느 하나에 해당하는 죄를 말한다. <개정 2013.4.5., 2016.12.20.>

1. 「형법」제2편제22장 성풍속에 관한 죄 중 제242조(음행매개), 제243조(음화반포등), 제244조(음화제조등) 및 제245조(공연음란)의 죄

2. 「형법」제2편제31장 약취(略取), 유인(誘引) 및 인신매매의 죄 중 추행, 간음 또는 성매매와 성적 착취를 목적으로 범한 제288조 또는 추행, 간음 또는 성매매와 성적 착취를 목적으로 범한 제289조, 제290조(추행, 간음 또는 성매매와 성적 착취를 목적으로 제288조 또는 추행, 간음 또는 성매매와 성적 착취를 목적으로 제289조의 죄를 범하여 약취, 유인, 매매된 사람을 상해하거나 상해에 이르게 한 경우에 한정한다), 제291조(추행, 간음 또는 성매매와 성적 착취를 목적으로 제288조 또는 추행, 간음 또는 성매매와 성적 착취를 목적으로 제289조의 죄를 범하여 약취, 유인, 매매된 사람을 살해하거나 사망에 이르게 한 경우에 한정한다), 제292조[추행, 간음 또는 성매매와 성적 착취를 목적으로 한 제288조 또는 추행, 간음 또

는 성매매와 성적 착취를 목적으로 한 제289조의 죄로 약취, 유인, 매매된 사람을 수수(授受) 또는 은닉한 죄, 추행, 간음 또는 성매매와 성적 착취를 목적으로 한 제288조 또는 추행, 간음 또는 성매매와 성적 착취를 목적으로 한 제289조의 죄를 범할 목적으로 사람을 모집, 운송, 전달한 경우에 한정한다] 및 제294조(추행, 간음 또는 성매매와 성적 착취를 목적으로 범한 제288조의 미수범 또는 추행, 간음 또는 성매매와 성적 착취를 목적으로 범한 제289조의 미수범, 추행, 간음 또는 성매매와 성적 착취를 목적으로 제288조 또는 추행, 간음 또는 성매매와 성적 착취를 목적으로 제289조의 죄를 범하여 발생한 제290조제1항의 미수범 또는 추행, 간음 또는 성매매와 성적 착취를 목적으로 제288조 또는 추행, 간음 또는 성매매와 성적 착취를 목적으로 제289조의 죄를 범하여 발생한 제291조제1항의 미수범 및 제292조제1항의 미수범 중 추행, 간음 또는 성매매와 성적 착취를 목적으로 약취, 유인, 매매된 사람을 수수, 은닉한 죄의 미수범으로 한정한다)의 죄

3. 「형법」 제2편제32장 강간과 추행의 죄 중 제297조(강간), 제297조의2(유사강간), 제298조(강제추행), 제299조(준강간, 준강제추행), 제300조(미수범), 제301조(강간등 상해·치상), 제301조의2(강간등 살인·치사), 제302조(미성년자등에 대한 간음), 제303조(업무상위력등에 의한 간음) 및 제305조(미성년자에 대한 간음, 추행)의 죄

4. 「형법」 제339조(강도강간)의 죄 및 제342조(제339조의 미수범으로 한정한다)의 죄

5. 이 법 제3조(특수강도강간 등)부터 제15조(미수범)까지의 죄

② 제1항 각 호의 범죄로서 다른 법률에 따라 가중처벌되는 죄는 성폭력범죄로 본다.

제2장 성폭력범죄의 처벌 및 절차에 관한 특례

제3조(특수강도강간 등) ① 「형법」 제319조제1항(주거침입), 제330조(야간주거침입절도), 제331조(특수절도) 또는 제342조(미수범. 다만, 제330조 및 제331조의 미수범으로 한정한다)의 죄를 범한 사람이 같은 법 제297조(강간), 제297조의2(유사강간), 제298조(강제추행) 및 제299조(준강간, 준강제추행)의 죄를 범한 경우에는 무기징역 또는 7년 이상의 징역에 처한다. <개정 2020.5.19.>
② 「형법」 제334조(특수강도) 또는 제342조(미수범. 다만, 제334조의 미수범으로 한정한다)의 죄를 범한 사람이 같은 법 제297조(강간), 제297조의2(유사강간), 제298조(강제추행) 및 제299조(준강간, 준강제추행)의 죄를 범한 경우에는 사형, 무기징역 또는 10년 이상의 징역에 처한다.

제4조(특수강간 등) ① 흉기나 그 밖의 위험한 물건을 지닌 채 또는 2명 이상이 합동하여 「형법」 제297조(강간)의 죄를 범한 사람은 무기징역 또는 7년 이상의 징역에 처한다. <개정 2020.5.19.>
② 제1항의 방법으로 「형법」 제298조(강제추행)의 죄를 범한 사람은 5년 이상의 유기징역에 처한다. <개정 2020.5.19.>
③ 제1항의 방법으로 「형법」 제299조(준강간, 준강제추행)의 죄를 범한 사람은 제1항 또는 제2항의 예에 따라 처벌한다.

제5조(친족관계에 의한 강간 등) ① 친족관계인 사람이 폭행 또는 협박으로 사람을 강간한 경우에는 7년 이상의 유기징역에 처한다.
② 친족관계인 사람이 폭행 또는 협박으로 사람을 강제추행한 경우에는 5년 이상의 유기징역에 처한다.
③ 친족관계인 사람이 사람에 대하여 「형법」 제299조(준강간, 준강제추행)의 죄를 범한 경우에는 제1항 또는 제2항의 예에 따라 처벌한다.

④ 제1항부터 제3항까지의 친족의 범위는 4촌 이내의 혈족·인척과 동거하는 친족으로 한다.

⑤ 제1항부터 제3항까지의 친족은 사실상의 관계에 의한 친족을 포함한다.

제6조(장애인에 대한 강간·강제추행 등) ① 신체적인 또는 정신적인 장애가 있는 사람에 대하여 「형법」 제297조(강간)의 죄를 범한 사람은 무기징역 또는 7년 이상의 징역에 처한다.

② 신체적인 또는 정신적인 장애가 있는 사람에 대하여 폭행이나 협박으로 다음 각 호의 어느 하나에 해당하는 행위를 한 사람은 5년 이상의 유기징역에 처한다.

1. 구강·항문 등 신체(성기는 제외한다)의 내부에 성기를 넣는 행위
2. 성기·항문에 손가락 등 신체(성기는 제외한다)의 일부나 도구를 넣는 행위

③ 신체적인 또는 정신적인 장애가 있는 사람에 대하여 「형법」 제298조(강제추행)의 죄를 범한 사람은 3년 이상의 유기징역 또는 3천만원 이상 5천만원 이하의 벌금에 처한다. <개정 2020.5.19.>

④ 신체적인 또는 정신적인 장애로 항거불능 또는 항거곤란 상태에 있음을 이용하여 사람을 간음하거나 추행한 사람은 제1항부터 제3항까지의 예에 따라 처벌한다.

⑤ 위계(僞計) 또는 위력(威力)으로써 신체적인 또는 정신적인 장애가 있는 사람을 간음한 사람은 5년 이상의 유기징역에 처한다.

⑥ 위계 또는 위력으로써 신체적인 또는 정신적인 장애가 있는 사람을 추행한 사람은 1년 이상의 유기징역 또는 1천만원 이상 3천만원 이하의 벌금에 처한다.

⑦ 장애인의 보호, 교육 등을 목적으로 하는 시설의 장 또는 종사자가 보호, 감독의 대상인 장애인에 대하여 제1항부터 제6항까지

의 죄를 범한 경우에는 그 죄에 정한 형의 2분의 1까지 가중한다.

제7조(13세 미만의 미성년자에 대한 강간, 강제추행 등) ① 13세 미만의 사람에 대하여 「형법」 제297조(강간)의 죄를 범한 사람은 무기징역 또는 10년 이상의 징역에 처한다.

② 13세 미만의 사람에 대하여 폭행이나 협박으로 다음 각 호의 어느 하나에 해당하는 행위를 한 사람은 7년 이상의 유기징역에 처한다.

1. 구강·항문 등 신체(성기는 제외한다)의 내부에 성기를 넣는 행위
2. 성기·항문에 손가락 등 신체(성기는 제외한다)의 일부나 도구를 넣는 행위

③ 13세 미만의 사람에 대하여 「형법」 제298조(강제추행)의 죄를 범한 사람은 5년 이상의 유기징역에 처한다. <개정 2020.5.19.>

④ 13세 미만의 사람에 대하여 「형법」 제299조(준강간, 준강제추행)의 죄를 범한 사람은 제1항부터 제3항까지의 예에 따라 처벌한다.

⑤ 위계 또는 위력으로써 13세 미만의 사람을 간음하거나 추행한 사람은 제1항부터 제3항까지의 예에 따라 처벌한다.

제8조(강간 등 상해·치상) ① 제3조제1항, 제4조, 제6조, 제7조 또는 제15조(제3조제1항, 제4조, 제6조 또는 제7조의 미수범으로 한정한다)의 죄를 범한 사람이 다른 사람을 상해하거나 상해에 이르게 한 때에는 무기징역 또는 10년 이상의 징역에 처한다.

② 제5조 또는 제15조(제5조의 미수범으로 한정한다)의 죄를 범한 사람이 다른 사람을 상해하거나 상해에 이르게 한 때에는 무기징역 또는 7년 이상의 징역에 처한다.

제9조(강간 등 살인·치사) ① 제3조부터 제7조까지, 제15조(제3조부터 제7조까지의 미수범으로 한정한다)의 죄 또는 「형법」 제297조(강간), 제297조의2(유사강간) 및 제298조(강제추행)부터 제300

조(미수범)까지의 죄를 범한 사람이 다른 사람을 살해한 때에는 사형 또는 무기징역에 처한다.

② 제4조, 제5조 또는 제15조(제4조 또는 제5조의 미수범으로 한정한다)의 죄를 범한 사람이 다른 사람을 사망에 이르게 한 때에는 무기징역 또는 10년 이상의 징역에 처한다.

③ 제6조, 제7조 또는 제15조(제6조 또는 제7조의 미수범으로 한정한다)의 죄를 범한 사람이 다른 사람을 사망에 이르게 한 때에는 사형, 무기징역 또는 10년 이상의 징역에 처한다.

제10조(업무상 위력 등에 의한 추행) ① 업무, 고용이나 그 밖의 관계로 인하여 자기의 보호, 감독을 받는 사람에 대하여 위계 또는 위력으로 추행한 사람은 3년 이하의 징역 또는 1천500만원 이하의 벌금에 처한다. <개정 2018.10.16.>

② 법률에 따라 구금된 사람을 감호하는 사람이 그 사람을 추행한 때에는 5년 이하의 징역 또는 2천만원 이하의 벌금에 처한다. <개정 2018.10.16.>

제11조(공중 밀집 장소에서의 추행) 대중교통수단, 공연·집회 장소, 그 밖에 공중(公衆)이 밀집하는 장소에서 사람을 추행한 사람은 3년 이하의 징역 또는 3천만원 이하의 벌금에 처한다. <개정 2020.5.19.>

제12조(성적 목적을 위한 다중이용장소 침입행위) 자기의 성적 욕망을 만족시킬 목적으로 화장실, 목욕장·목욕실 또는 발한실(發汗室), 모유수유시설, 탈의실 등 불특정 다수가 이용하는 다중이용장소에 침입하거나 같은 장소에서 퇴거의 요구를 받고 응하지 아니하는 사람은 1년 이하의 징역 또는 1천만원 이하의 벌금에 처한다. <개정 2017.12.12., 2020.5.19.>

[제목개정 2017.12.12.]

제13조(통신매체를 이용한 음란행위) 자기 또는 다른 사람의 성적 욕망을 유발하거나 만족시킬 목적으로 전화, 우편, 컴퓨터, 그 밖의 통신매체를 통하여 성적 수치심이나 혐오감을 일으키는 말, 음향, 글, 그림, 영상 또는 물건을 상대방에게 도달하게 한 사람은 2년 이하의 징역 또는 2천만원 이하의 벌금에 처한다. <개정 2020.5.19.>

제14조(카메라 등을 이용한 촬영) ① 카메라나 그 밖에 이와 유사한 기능을 갖춘 기계장치를 이용하여 성적 욕망 또는 수치심을 유발할 수 있는 사람의 신체를 촬영대상자의 의사에 반하여 촬영한 자는 7년 이하의 징역 또는 5천만원 이하의 벌금에 처한다. <개정 2018.12.18., 2020.5.19.>

② 제1항에 따른 촬영물 또는 복제물(복제물의 복제물을 포함한다. 이하 이 조에서 같다)을 반포·판매·임대·제공 또는 공공연하게 전시·상영(이하 "반포등"이라 한다)한 자 또는 제1항의 촬영이 촬영 당시에는 촬영대상자의 의사에 반하지 아니한 경우(자신의 신체를 직접 촬영한 경우를 포함한다)에도 사후에 그 촬영물 또는 복제물을 촬영대상자의 의사에 반하여 반포등을 한 자는 7년 이하의 징역 또는 5천만원 이하의 벌금에 처한다. <개정 2018.12.18., 2020.5.19.>

③ 영리를 목적으로 촬영대상자의 의사에 반하여 「정보통신망 이용촉진 및 정보보호 등에 관한 법률」 제2조제1항제1호의 정보통신망(이하 "정보통신망"이라 한다)을 이용하여 제2항의 죄를 범한 자는 3년 이상의 유기징역에 처한다. <개정 2018.12.18., 2020.5.19.>

④ 제1항 또는 제2항의 촬영물 또는 복제물을 소지·구입·저장 또는 시청한 자는 3년 이하의 징역 또는 3천만원 이하의 벌금에 처한다. <신설 2020.5.19.>

⑤ 상습으로 제1항부터 제3항까지의 죄를 범한 때에는 그 죄에 정한 형의 2분의 1까지 가중한다. <신설 2020.5.19.>

제14조의2(허위영상물 등의 반포등) ① 반포등을 할 목적으로 사람의 얼굴·신체 또는 음성을 대상으로 한 촬영물·영상물 또는 음성물(이하 이 조에서 "영상물등"이라 한다)을 영상물등의 대상자의 의사에 반하여 성적 욕망 또는 수치심을 유발할 수 있는 형태로 편집·합성 또는 가공(이하 이 조에서 "편집등"이라 한다)한 자는 5년 이하의 징역 또는 5천만원 이하의 벌금에 처한다.

② 제1항에 따른 편집물·합성물·가공물(이하 이 항에서 "편집물등"이라 한다) 또는 복제물(복제물의 복제물을 포함한다. 이하 이 항에서 같다)을 반포등을 한 자 또는 제1항의 편집등을 할 당시에는 영상물등의 대상자의 의사에 반하지 아니한 경우에도 사후에 그 편집물등 또는 복제물을 영상물등의 대상자의 의사에 반하여 반포등을 한 자는 5년 이하의 징역 또는 5천만원 이하의 벌금에 처한다.

③ 영리를 목적으로 영상물등의 대상자의 의사에 반하여 정보통신망을 이용하여 제2항의 죄를 범한 자는 7년 이하의 징역에 처한다.

④ 상습으로 제1항부터 제3항까지의 죄를 범한 때에는 그 죄에 정한 형의 2분의 1까지 가중한다. <신설 2020.5.19.>

[본조신설 2020.3.24.]

제14조의3(촬영물 등을 이용한 협박·강요) ① 성적 욕망 또는 수치심을 유발할 수 있는 촬영물 또는 복제물(복제물의 복제물을 포함한다)을 이용하여 사람을 협박한 자는 1년 이상의 유기징역에 처한다.

② 제1항에 따른 협박으로 사람의 권리행사를 방해하거나 의무 없는 일을 하게 한 자는 3년 이상의 유기징역에 처한다.

③ 상습으로 제1항 및 제2항의 죄를 범한 경우에는 그 죄에 정한 형의 2분의 1까지 가중한다.

[본조신설 2020.5.19.]

제15조(미수범) 제3조부터 제9조까지, 제14조, 제14조의2 및 제14조의3의 미수범은 처벌한다.

[전문개정 2020.5.19.]

제15조의2(예비, 음모) 제3조부터 제7조까지의 죄를 범할 목적으로 예비 또는 음모한 사람은 3년 이하의 징역에 처한다.

[본조신설 2020.5.19.]

제16조(형벌과 수강명령 등의 병과) ① 법원이 성폭력범죄를 범한 사람에 대하여 형의 선고를 유예하는 경우에는 1년 동안 보호관찰을 받을 것을 명할 수 있다. 다만, 성폭력범죄를 범한 「소년법」 제2조에 따른 소년에 대하여 형의 선고를 유예하는 경우에는 반드시 보호관찰을 명하여야 한다.

② 법원이 성폭력범죄를 범한 사람에 대하여 유죄판결(선고유예는 제외한다)을 선고하거나 약식명령을 고지하는 경우에는 500시간의 범위에서 재범예방에 필요한 수강명령 또는 성폭력 치료프로그램의 이수명령(이하 "이수명령"이라 한다)을 병과하여야 한다. 다만, 수강명령 또는 이수명령을 부과할 수 없는 특별한 사정이 있는 경우에는 그러하지 아니하다. <개정 2016.12.20.>

③ 성폭력범죄를 범한 자에 대하여 제2항의 수강명령은 형의 집행을 유예할 경우에 그 집행유예기간 내에서 병과하고, 이수명령은 벌금 이상의 형을 선고하거나 약식명령을 고지할 경우에 병과한다. 다만, 이수명령은 성폭력범죄자가 「전자장치 부착 등에 관한 법률」 제9조의2제1항제4호에 따른 이수명령을 부과받은 경우에는 병과하지 아니한다. <개정 2016.12.20., 2020.2.4.>

④ 법원이 성폭력범죄를 범한 사람에 대하여 형의 집행을 유예하는 경우에는 제2항에 따른 수강명령 외에 그 집행유예기간 내에서 보호관찰 또는 사회봉사 중 하나 이상의 처분을 병과할 수 있다.

⑤ 제2항에 따른 수강명령 또는 이수명령은 형의 집행을 유예할 경우에는 그 집행유예기간 내에, 벌금형을 선고하거나 약식명령을 고지할 경우에는 형 확정일부터 6개월 이내에, 징역형 이상의 실형(實刑)을 선고할 경우에는 형기 내에 각각 집행한다. 다만, 수강명령 또는 이수명령은 성폭력범죄를 범한 사람이 「아동·청소년의 성보호에 관한 법률」 제21조에 따른 수강명령 또는 이수명령을 부과받은 경우에는 병과하지 아니한다. <개정 2016.12.20.>
⑥ 제2항에 따른 수강명령 또는 이수명령이 벌금형 또는 형의 집행유예와 병과된 경우에는 보호관찰소의 장이 집행하고, 징역형 이상의 실형과 병과된 경우에는 교정시설의 장이 집행한다. 다만, 징역형 이상의 실형과 병과된 이수명령을 모두 이행하기 전에 석방 또는 가석방되거나 미결구금일수 산입 등의 사유로 형을 집행할 수 없게 된 경우에는 보호관찰소의 장이 남은 이수명령을 집행한다.
⑦ 제2항에 따른 수강명령 또는 이수명령은 다음 각 호의 내용으로 한다.
1. 일탈적 이상행동의 진단·상담
2. 성에 대한 건전한 이해를 위한 교육
3. 그 밖에 성폭력범죄를 범한 사람의 재범예방을 위하여 필요한 사항
⑧ 성폭력범죄를 범한 사람으로서 형의 집행 중에 가석방된 사람은 가석방기간 동안 보호관찰을 받는다. 다만, 가석방을 허가한 행정관청이 보호관찰을 할 필요가 없다고 인정한 경우에는 그러하지 아니하다.
⑨ 보호관찰, 사회봉사, 수강명령 및 이수명령에 관하여 이 법에서 규정한 사항 외의 사항에 대하여는 「보호관찰 등에 관한 법률」을 준용한다.

제17조(판결 전 조사) ① 법원은 성폭력범죄를 범한 피고인에 대하여 제16조에 따른 보호관찰, 사회봉사, 수강명령 또는 이수명령을 부과하기 위하여 필요하다고 인정하면 그 법원의 소재지 또는 피고인의 주거지를 관할하는 보호관찰소의 장에게 피고인의 신체적·심리적 특성 및 상태, 정신성적 발달과정, 성장배경, 가정환경, 직업, 생활환경, 교우관계, 범행동기, 병력(病歷), 피해자와의 관계, 재범위험성 등 피고인에 관한 사항의 조사를 요구할 수 있다.
② 제1항의 요구를 받은 보호관찰소의 장은 지체 없이 이를 조사하여 서면으로 해당 법원에 알려야 한다. 이 경우 필요하다고 인정하면 피고인이나 그 밖의 관계인을 소환하여 심문하거나 소속 보호관찰관에게 필요한 사항을 조사하게 할 수 있다.
③ 법원은 제1항의 요구를 받은 보호관찰소의 장에게 조사진행상황에 관한 보고를 요구할 수 있다

제18조(고소 제한에 대한 예외) 성폭력범죄에 대하여는 「형사소송법」 제224조(고소의 제한) 및 「군사법원법」 제266조에도 불구하고 자기 또는 배우자의 직계존속을 고소할 수 있다. <개정 2013.4.5.>

제19조 삭제 <2013.4.5.>

제20조(「형법」상 감경규정에 관한 특례) 음주 또는 약물로 인한 심신장애 상태에서 성폭력범죄(제2조제1항제1호의 죄는 제외한다)를 범한 때에는 「형법」 제10조제1항·제2항 및 제11조를 적용하지 아니할 수 있다.

제21조(공소시효에 관한 특례) ① 미성년자에 대한 성폭력범죄의 공소시효는 「형사소송법」 제252조제1항 및 「군사법원법」 제294조제1항에도 불구하고 해당 성폭력범죄로 피해를 당한 미성년자가 성년에 달한 날부터 진행한다. <개정 2013.4.5.>

② 제2조제3호 및 제4호의 죄와 제3조부터 제9조까지의 죄는 디엔에이(DNA)증거 등 그 죄를 증명할 수 있는 과학적인 증거가 있는 때에는 공소시효가 10년 연장된다.

③ 13세 미만의 사람 및 신체적인 또는 정신적인 장애가 있는 사람에 대하여 다음 각 호의 죄를 범한 경우에는 제1항과 제2항에도 불구하고 「형사소송법」 제249조부터 제253조까지 및 「군사법원법」 제291조부터 제295조까지에 규정된 공소시효를 적용하지 아니한다. <개정 2019.8.20., 2020.5.19.>

1. 「형법」 제297조(강간), 제298조(강제추행), 제299조(준강간, 준강제추행), 제301조(강간등 상해·치상), 제301조의2(강간등 살인·치사) 또는 제305조(미성년자에 대한 간음, 추행)의 죄

2. 제6조제2항, 제7조제2항 및 제5항, 제8조, 제9조의 죄

3. 「아동·청소년의 성보호에 관한 법률」 제9조 또는 제10조의 죄

④ 다음 각 호의 죄를 범한 경우에는 제1항과 제2항에도 불구하고 「형사소송법」 제249조부터 제253조까지 및 「군사법원법」 제291조부터 제295조까지에 규정된 공소시효를 적용하지 아니한다. <개정 2013.4.5.>

1. 「형법」 제301조의2(강간등 살인·치사)의 죄(강간등 살인에 한정한다)

2. 제9조제1항의 죄

3. 「아동·청소년의 성보호에 관한 법률」 제10조제1항의 죄

4. 「군형법」 제92조의8의 죄(강간 등 살인에 한정한다)

제22조(「특정강력범죄의 처벌에 관한 특례법」의 준용) 성폭력범죄에 대한 처벌절차에는 「특정강력범죄의 처벌에 관한 특례법」 제7조(증인에 대한 신변안전조치), 제8조(출판물 게재 등으로부터의 피해자 보호), 제9조(소송 진행의 협의), 제12조(간이공판절차의 결정) 및 제13조(판결선고)를 준용한다.

제23조(피해자, 신고인 등에 대한 보호조치) 법원 또는 수사기관이 성폭력범죄의 피해자, 성폭력범죄를 신고(고소·고발을 포함한다)한 사람을 증인으로 신문하거나 조사하는 경우에는 「특정범죄신고자 등 보호법」 제5조 및 제7조부터 제13조까지의 규정을 준용한다. 이 경우 「특정범죄신고자 등 보호법」 제9조와 제13조를 제외하고는 보복을 당할 우려가 있음을 요하지 아니한다.

제24조(피해자의 신원과 사생활 비밀 누설 금지) ① 성폭력범죄의 수사 또는 재판을 담당하거나 이에 관여하는 공무원 또는 그 직에 있었던 사람은 피해자의 주소, 성명, 나이, 직업, 학교, 용모, 그 밖에 피해자를 특정하여 파악할 수 있게 하는 인적사항과 사진 등 또는 그 피해자의 사생활에 관한 비밀을 공개하거나 다른 사람에게 누설하여서는 아니 된다.
② 누구든지 제1항에 따른 피해자의 주소, 성명, 나이, 직업, 학교, 용모, 그 밖에 피해자를 특정하여 파악할 수 있는 인적사항이나 사진 등을 피해자의 동의를 받지 아니하고 신문 등 인쇄물에 싣거나 「방송법」 제2조제1호에 따른 방송 또는 정보통신망을 통하여 공개하여서는 아니 된다.

제25조(피의자의 얼굴 등 공개) ① 검사와 사법경찰관은 성폭력범죄의 피의자가 죄를 범하였다고 믿을 만한 충분한 증거가 있고, 국민의 알권리 보장, 피의자의 재범 방지 및 범죄예방 등 오로지 공공의 이익을 위하여 필요할 때에는 얼굴, 성명 및 나이 등 피의자의 신상에 관한 정보를 공개할 수 있다. 다만, 피의자가 「청소년 보호법」 제2조제1호의 청소년에 해당하는 경우에는 공개하지 아니한다.
② 제1항에 따라 공개를 할 때에는 피의자의 인권을 고려하여 신중하게 결정하고 이를 남용하여서는 아니 된다.

제26조(성폭력범죄의 피해자에 대한 전담조사제) ① 검찰총장은 각 지방검찰청 검사장으로 하여금 성폭력범죄 전담 검사를 지정하도록 하여 특별한 사정이 없으면 이들로 하여금 피해자를 조사하게 하여야 한다.

② 경찰청장은 각 경찰서장으로 하여금 성폭력범죄 전담 사법경찰관을 지정하도록 하여 특별한 사정이 없으면 이들로 하여금 피해자를 조사하게 하여야 한다.

③ 국가는 제1항의 검사 및 제2항의 사법경찰관에게 성폭력범죄의 수사에 필요한 전문지식과 피해자보호를 위한 수사방법 및 수사절차 등에 관한 교육을 실시하여야 한다.

제27조(성폭력범죄 피해자에 대한 변호사 선임의 특례) ① 성폭력범죄의 피해자 및 그 법정대리인(이하 "피해자등"이라 한다)은 형사절차상 입을 수 있는 피해를 방어하고 법률적 조력을 보장하기 위하여 변호사를 선임할 수 있다.

② 제1항에 따른 변호사는 검사 또는 사법경찰관의 피해자등에 대한 조사에 참여하여 의견을 진술할 수 있다. 다만, 조사 도중에는 검사 또는 사법경찰관의 승인을 받아 의견을 진술할 수 있다.

③ 제1항에 따른 변호사는 피의자에 대한 구속 전 피의자심문, 증거보전절차, 공판준비기일 및 공판절차에 출석하여 의견을 진술할 수 있다. 이 경우 필요한 절차에 관한 구체적 사항은 대법원규칙으로 정한다.

④ 제1항에 따른 변호사는 증거보전 후 관계 서류나 증거물, 소송계속 중의 관계 서류나 증거물을 열람하거나 등사할 수 있다.

⑤ 제1항에 따른 변호사는 형사절차에서 피해자등의 대리가 허용될 수 있는 모든 소송행위에 대한 포괄적인 대리권을 가진다.

⑥ 검사는 피해자에게 변호사가 없는 경우 국선변호사를 선정하

여 형사절차에서 피해자의 권익을 보호할 수 있다.

제28조(성폭력범죄에 대한 전담재판부) 지방법원장 또는 고등법원장은 특별한 사정이 없으면 성폭력범죄 전담재판부를 지정하여 성폭력범죄에 대하여 재판하게 하여야 한다.

제29조(수사 및 재판절차에서의 배려) ① 수사기관과 법원 및 소송관계인은 성폭력범죄를 당한 피해자의 나이, 심리 상태 또는 후유장애의 유무 등을 신중하게 고려하여 조사 및 심리·재판 과정에서 피해자의 인격이나 명예가 손상되거나 사적인 비밀이 침해되지 아니하도록 주의하여야 한다.

② 수사기관과 법원은 성폭력범죄의 피해자를 조사하거나 심리·재판할 때 피해자가 편안한 상태에서 진술할 수 있는 환경을 조성하여야 하며, 조사 및 심리·재판 횟수는 필요한 범위에서 최소한으로 하여야 한다.

제30조(영상물의 촬영·보존 등) ① 성폭력범죄의 피해자가 19세 미만이거나 신체적인 또는 정신적인 장애로 사물을 변별하거나 의사를 결정할 능력이 미약한 경우에는 피해자의 진술 내용과 조사 과정을 비디오녹화기 등 영상물 녹화장치로 촬영·보존하여야 한다.

② 제1항에 따른 영상물 녹화는 피해자 또는 법정대리인이 이를 원하지 아니하는 의사를 표시한 경우에는 촬영을 하여서는 아니된다. 다만, 가해자가 친권자 중 일방인 경우는 그러하지 아니하다.

③ 제1항에 따른 영상물 녹화는 조사의 개시부터 종료까지의 전 과정 및 객관적 정황을 녹화하여야 하고, 녹화가 완료된 때에는 지체 없이 그 원본을 피해자 또는 변호사 앞에서 봉인하고 피해자로 하여금 기명날인 또는 서명하게 하여야 한다.

④ 검사 또는 사법경찰관은 피해자가 제1항의 녹화장소에 도착한 시각, 녹화를 시작하고 마친 시각, 그 밖에 녹화과정의 진행경과

를 확인하기 위하여 필요한 사항을 조서 또는 별도의 서면에 기록한 후 수사기록에 편철하여야 한다.

⑤ 검사 또는 사법경찰관은 피해자 또는 법정대리인이 신청하는 경우에는 영상물 촬영과정에서 작성한 조서의 사본을 신청인에게 발급하거나 영상물을 재생하여 시청하게 하여야 한다.

⑥ 제1항에 따라 촬영한 영상물에 수록된 피해자의 진술은 공판준비기일 또는 공판기일에 피해자나 조사 과정에 동석하였던 신뢰관계에 있는 사람 또는 진술조력인의 진술에 의하여 그 성립의 진정함이 인정된 경우에 증거로 할 수 있다.

⑦ 누구든지 제1항에 따라 촬영한 영상물을 수사 및 재판의 용도 외에 다른 목적으로 사용하여서는 아니 된다.

[단순위헌, 2018헌바524, 2021.12.23, 성폭력범죄의 처벌 등에 관한 특례법(2012.12.18. 법률 제11556호로 전부개정된 것) 제30조 제6항 중 '제1항에 따라 촬영한 영상물에 수록된 피해자의 진술은 공판준비기일 또는 공판기일에 조사 과정에 동석하였던 신뢰관계에 있는 사람 또는 진술조력인의 진술에 의하여 그 성립의 진정함이 인정된 경우에 증거로 할 수 있다' 부분 가운데 19세 미만 성폭력범죄 피해자에 관한 부분은 헌법에 위반된다.]

제31조(심리의 비공개) ① 성폭력범죄에 대한 심리는 그 피해자의 사생활을 보호하기 위하여 결정으로써 공개하지 아니할 수 있다.

② 증인으로 소환받은 성폭력범죄의 피해자와 그 가족은 사생활보호 등의 사유로 증인신문의 비공개를 신청할 수 있다.

③ 재판장은 제2항에 따른 신청을 받으면 그 허가 및 공개 여부, 법정 외의 장소에서의 신문 등 증인의 신문 방식 및 장소에 관하여 결정할 수 있다.

④ 제1항 및 제3항의 경우에는 「법원조직법」 제57조(재판의 공

개)제2항·제3항 및 「군사법원법」 제67조제2항·제3항을 준용한다. <개정 2013.4.5.>

제32조(증인지원시설의 설치·운영 등) ① 각급 법원은 증인으로 법원에 출석하는 피해자등이 재판 전후에 피고인이나 그 가족과 마주치지 아니하도록 하고, 보호와 지원을 받을 수 있는 적절한 시설을 설치한다.

② 각급 법원은 제1항의 시설을 관리·운영하고 피해자등의 보호와 지원을 담당하는 직원(이하 "증인지원관"이라 한다)을 둔다.

③ 법원은 증인지원관에 대하여 인권 감수성 향상에 필요한 교육을 정기적으로 실시한다.

④ 증인지원관의 업무·자격 및 교육 등에 필요한 사항은 대법원규칙으로 정한다.

제33조(전문가의 의견 조회) ① 법원은 정신건강의학과의사, 심리학자, 사회복지학자, 그 밖의 관련 전문가로부터 행위자 또는 피해자의 정신·심리 상태에 대한 진단 소견 및 피해자의 진술 내용에 관한 의견을 조회할 수 있다.

② 법원은 성폭력범죄를 조사·심리할 때에는 제1항에 따른 의견 조회의 결과를 고려하여야 한다.

③ 법원은 법원행정처장이 정하는 관련 전문가 후보자 중에서 제1항에 따른 전문가를 지정하여야 한다.

④ 제1항부터 제3항까지의 규정은 수사기관이 성폭력범죄를 수사하는 경우에 준용한다. 다만, 피해자가 13세 미만이거나 신체적인 또는 정신적인 장애로 사물을 변별하거나 의사를 결정할 능력이 미약한 경우에는 관련 전문가에게 피해자의 정신·심리 상태에 대한 진단 소견 및 진술 내용에 관한 의견을 조회하여야 한다.

⑤ 제4항에 따라 준용할 경우 "법원행정처장"은 "검찰총장 또는

경찰청장"으로 본다.

제34조(신뢰관계에 있는 사람의 동석) ① 법원은 제3조부터 제8조까지, 제10조 및 제15조(제9조의 미수범은 제외한다)의 범죄의 피해자를 증인으로 신문하는 경우에 검사, 피해자 또는 법정대리인이 신청할 때에는 재판에 지장을 줄 우려가 있는 등 부득이한 경우가 아니면 피해자와 신뢰관계에 있는 사람을 동석하게 하여야 한다.

② 제1항은 수사기관이 같은 항의 피해자를 조사하는 경우에 관하여 준용한다.

③ 제1항 및 제2항의 경우 법원과 수사기관은 피해자와 신뢰관계에 있는 사람이 피해자에게 불리하거나 피해자가 원하지 아니하는 경우에는 동석하게 하여서는 아니 된다.

제35조(진술조력인 양성 등) ① 법무부장관은 의사소통 및 의사표현에 어려움이 있는 성폭력범죄의 피해자에 대한 형사사법절차에서의 조력을 위하여 진술조력인을 양성하여야 한다.

② 진술조력인은 정신건강의학, 심리학, 사회복지학, 교육학 등 아동·장애인의 심리나 의사소통 관련 전문지식이 있거나 관련 분야에서 상당 기간 종사한 사람으로 법무부장관이 정하는 교육을 이수하여야 한다. 진술조력인의 자격, 양성 및 배치 등에 관하여 필요한 사항은 법무부령으로 정한다. <개정 2020.10.20.>

③ 법무부장관은 제1항에 따라 양성한 진술조력인 명부를 작성하여야 한다.

제35조의2(진술조력인의 결격사유) 다음 각 호의 어느 하나에 해당하는 사람은 진술조력인이 될 수 없다.

1. 피성년후견인
2. 금고 이상의 실형을 선고받고 그 집행이 종료(집행이 종료된 것으로 보는 경우를 포함한다)되거나 집행이 면제된 날부터 5

년이 지나지 아니한 사람

3. 금고 이상의 형의 집행을 유예받고 그 유예기간이 완료된 날부터 2년이 지나지 아니한 사람

4. 금고 이상의 형의 선고를 유예받고 그 유예기간 중에 있는 사람

5. 제2호부터 제4호까지의 규정에도 불구하고 다음 각 목의 어느 하나에 해당하는 범죄를 저지른 사람으로서 형 또는 치료감호를 선고받고 확정된 후 그 형 또는 치료감호의 전부 또는 일부의 집행이 끝나거나(집행이 끝난 것으로 보는 경우를 포함한다) 집행이 유예·면제된 날부터 10년이 지나지 아니한 사람

　　가. 제2조에 따른 성폭력범죄

　　나. 「아동·청소년의 성보호에 관한 법률」 제2조제2호에 따른 아동·청소년대상 성범죄

　　다. 「아동학대범죄의 처벌 등에 관한 특례법」 제2조제4호에 따른 아동학대범죄

　　라. 「장애인복지법」 제86조, 제86조의2 및 제87조의 죄

6. 제35조의3(이 조 제1호에 해당하게 되어 제35조의3제1항제2호에 따라 진술조력인의 자격이 취소된 경우는 제외한다)에 따라 진술조력인 자격이 취소된 후 3년이 지나지 아니한 사람

[본조신설 2020.10.20.]

제35조의3(진술조력인의 자격취소) ① 법무부장관은 진술조력인 자격을 가진 사람이 다음 각 호의 어느 하나에 해당하는 경우에는 그 자격을 취소할 수 있다. 다만, 제1호 또는 제2호에 해당하는 경우에는 그 자격을 취소하여야 한다.

1. 거짓이나 그 밖의 부정한 방법으로 자격을 취득한 사실이 드러난 경우

2. 제35조의2 각 호의 결격사유 중 어느 하나에 해당하게 된 경우

3. 제38조에 따른 진술조력인의 의무를 위반한 경우
4. 고의나 중대한 과실로 업무 수행에 중대한 지장이 발생하게 된 경우
5. 진술조력인의 업무 수행과 관련하여 부당한 금품을 수령하는 등 부정한 행위를 한 경우
6. 정당한 사유 없이 법무부령으로 정하는 교육을 이수하지 않은 경우
7. 그 밖에 진술조력인의 업무를 수행할 수 없는 중대한 사유가 발생한 경우

② 법무부장관은 제1항에 따라 진술조력인 자격을 취소하려는 경우에는 해당 진술조력인에게 자격 취소 예정인 사실과 그 사유를 통보하여야 한다. 이 경우 통보를 받은 진술조력인은 법무부에 출석하여 소명(疏明)하거나 소명에 관한 의견서를 제출할 수 있다.

③ 법무부장관은 제2항 후단에 따라 진술조력인이 소명하거나 소명에 관한 의견서를 제출한 경우 진술조력인 자격 취소 여부를 결정하기 위하여 외부 전문가의 의견을 들을 수 있다.

④ 법무부장관은 제1항에 따라 진술조력인 자격을 취소한 경우에는 즉시 그 사람에게 진술조력인 자격 취소의 사실 및 그 사유를 서면으로 알려주어야 한다.

⑤ 제1항에 따라 진술조력인 자격이 취소된 사람의 자격증 반납에 관해서는 법무부령으로 정한다.

[본조신설 2020.10.20.]

제36조(진술조력인의 수사과정 참여) ① 검사 또는 사법경찰관은 성폭력범죄의 피해자가 13세 미만의 아동이거나 신체적인 또는 정신적인 장애로 의사소통이나 의사표현에 어려움이 있는 경우 원활한 조사를 위하여 직권이나 피해자, 그 법정대리인 또는 변호사의 신청에 따라 진술조력인으로 하여금 조사과정에 참여하여

의사소통을 중개하거나 보조하게 할 수 있다. 다만, 피해자 또는 그 법정대리인이 이를 원하지 아니하는 의사를 표시한 경우에는 그러하지 아니하다.

② 검사 또는 사법경찰관은 제1항의 피해자를 조사하기 전에 피해자, 법정대리인 또는 변호사에게 진술조력인에 의한 의사소통 중개나 보조를 신청할 수 있음을 고지하여야 한다.

③ 진술조력인은 조사 전에 피해자를 면담하여 진술조력인 조력 필요성에 관하여 평가한 의견을 수사기관에 제출할 수 있다.

④ 제1항에 따라 조사과정에 참여한 진술조력인은 피해자의 의사 소통이나 표현 능력, 특성 등에 관한 의견을 수사기관이나 법원에 제출할 수 있다.

⑤ 제1항부터 제4항까지의 규정은 검증에 관하여 준용한다.

⑥ 그 밖에 진술조력인의 수사절차 참여에 관한 절차와 방법 등 필요한 사항은 법무부령으로 정한다.

제37조(진술조력인의 재판과정 참여) ① 법원은 성폭력범죄의 피해 자가 13세 미만 아동이거나 신체적인 또는 정신적인 장애로 의 사소통이나 의사표현에 어려움이 있는 경우 원활한 증인 신문을 위하여 직권 또는 검사, 피해자, 그 법정대리인 및 변호사의 신 청에 의한 결정으로 진술조력인으로 하여금 증인 신문에 참여하 여 중개하거나 보조하게 할 수 있다.

② 법원은 증인이 제1항에 해당하는 경우에는 신문 전에 피해자, 법정대리인 및 변호사에게 진술조력인에 의한 의사소통 중개나 보조를 신청할 수 있음을 고지하여야 한다.

③ 진술조력인의 소송절차 참여에 관한 구체적 절차와 방법은 대 법원규칙으로 정한다.

제38조(진술조력인의 의무) ① 진술조력인은 수사 및 재판 과정에 참여함에 있어 중립적인 지위에서 상호간의 진술이 왜곡 없이 전달될 수 있도록 노력하여야 한다.

② 진술조력인은 그 직무상 알게 된 피해자의 주소, 성명, 나이, 직업, 학교, 용모, 그 밖에 피해자를 특정하여 파악할 수 있게 하는 인적사항과 사진 및 사생활에 관한 비밀을 공개하거나 다른 사람에게 누설하여서는 아니 된다.

제39조(벌칙적용에 있어서 공무원의 의제) 진술조력인은 「형법」 제129조부터 제132조까지에 따른 벌칙의 적용에 있어서 이를 공무원으로 본다.

제40조(비디오 등 중계장치에 의한 증인신문) ① 법원은 제2조제1항제3호부터 제5호까지의 범죄의 피해자를 증인으로 신문하는 경우 검사와 피고인 또는 변호인의 의견을 들어 비디오 등 중계장치에 의한 중계를 통하여 신문할 수 있다.

② 제1항에 따른 증인신문의 절차·방법 등에 관하여 필요한 사항은 대법원규칙으로 정한다.

제41조(증거보전의 특례) ① 피해자나 그 법정대리인 또는 경찰은 피해자가 공판기일에 출석하여 증언하는 것에 현저히 곤란한 사정이 있을 때에는 그 사유를 소명하여 제30조에 따라 촬영된 영상물 또는 그 밖의 다른 증거에 대하여 해당 성폭력범죄를 수사하는 검사에게 「형사소송법」 제184조(증거보전의 청구와 그 절차)제1항에 따른 증거보전의 청구를 할 것을 요청할 수 있다. 이 경우 피해자가 16세 미만이거나 신체적인 또는 정신적인 장애로 사물을 변별하거나 의사를 결정할 능력이 미약한 경우에는 공판기일에 출석하여 증언하는 것에 현저히 곤란한 사정이 있는 것으

로 본다. <개정 2020.10.20.>
② 제1항의 요청을 받은 검사는 그 요청이 타당하다고 인정할
때에는 증거보전의 청구를 할 수 있다.

제3장 신상정보 등록 등

제42조(신상정보 등록대상자) ① 제2조제1항제3호·제4호, 같은 조 제
2항(제1항제3호·제4호에 한정한다), 제3조부터 제15조까지의 범죄
및 「아동·청소년의 성보호에 관한 법률」 제2조제2호가목·라목의 범
죄(이하 "등록대상 성범죄"라 한다)로 유죄판결이나 약식명령이 확
정된 자 또는 같은 법 제49조제1항제4호에 따라 공개명령이 확정
된 자는 신상정보 등록대상자(이하 "등록대상자"라 한다)가 된다.
다만, 제12조·제13조의 범죄 및 「아동·청소년의 성보호에 관한 법
률」 제11조제3항 및 제5항의 범죄로 벌금형을 선고받은 자는 제외
한다. <개정 2016.12.20.>
② 법원은 등록대상 성범죄로 유죄판결을 선고하거나 약식명령을 고지
하는 경우에는 등록대상자라는 사실과 제43조에 따른 신상정보 제출
의무가 있음을 등록대상자에게 알려 주어야 한다. <개정 2016.12.20.>
③ 제2항에 따른 통지는 판결을 선고하는 때에는 구두 또는 서
면으로 하고, 약식명령을 고지하는 때에는 통지사항이 기재된 서
면을 송달하는 방법으로 한다. <신설 2016.12.20.>
④ 법원은 제1항의 판결이나 약식명령이 확정된 날부터 14일 이
내에 판결문(제45조제4항에 따라 법원이 등록기간을 달리 정한
경우에는 그 사실을 포함한다) 또는 약식명령 등본을 법무부장관
에게 송달하여야 한다. <개정 2016.12.20.>
 [2016.12.20. 법률 제14412호에 의하여 2016. 3. 31. 헌법재판
 소에서 위헌 결정된 이 조를 개정함.]

제43조(신상정보의 제출 의무) ① 등록대상자는 제42조제1항의 판결이 확정된 날부터 30일 이내에 다음 각 호의 신상정보(이하 "기본신상정보"라 한다)를 자신의 주소지를 관할하는 경찰관서의 장(이하 "관할경찰관서의 장"이라 한다)에게 제출하여야 한다. 다만, 등록대상자가 교정시설 또는 치료감호시설에 수용된 경우에는 그 교정시설의 장 또는 치료감호시설의 장(이하 "교정시설등의 장"이라 한다)에게 기본신상정보를 제출함으로써 이를 갈음할 수 있다. <개정 2014.12.30., 2016.12.20.>

1. 성명
2. 주민등록번호
3. 주소 및 실제거주지
4. 직업 및 직장 등의 소재지
5. 연락처(전화번호, 전자우편주소를 말한다)
6. 신체정보(키와 몸무게)
7. 소유차량의 등록번호

② 관할경찰관서의 장 또는 교정시설등의 장은 제1항에 따라 등록대상자가 기본신상정보를 제출할 때에 등록대상자의 정면·좌측·우측 상반신 및 전신 컬러사진을 촬영하여 전자기록으로 저장·보관하여야 한다. <개정 2016.12.20.>

③ 등록대상자는 제1항에 따라 제출한 기본신상정보가 변경된 경우에는 그 사유와 변경내용(이하 "변경정보"라 한다)을 변경사유가 발생한 날부터 20일 이내에 제1항에 따라 제출하여야 한다. <개정 2016.12.20.>

④ 등록대상자는 제1항에 따라 기본신상정보를 제출한 경우에는 그 다음 해부터 매년 12월 31일까지 주소지를 관할하는 경찰관서에 출석하여 경찰관서의 장으로 하여금 자신의 정면·좌측·우측

상반신 및 전신 컬러사진을 촬영하여 전자기록으로 저장·보관하도록 하여야 한다. 다만, 교정시설등의 장은 등록대상자가 교정시설 등에 수용된 경우에는 석방 또는 치료감호 종료 전에 등록대상자의 정면·좌측·우측 상반신 및 전신 컬러사진을 새로 촬영하여 전자기록으로 저장·보관하여야 한다. <개정 2016.12.20.>

⑤ 관할경찰관서의 장 또는 교정시설등의 장은 등록대상자로부터 제출받은 기본신상정보 및 변경정보와 제2항 및 제4항에 따라 저장·보관하는 전자기록을 지체 없이 법무부장관에게 송달하여야 한다. <개정 2016.12.20.>

⑥ 제5항에 따라 등록대상자에 대한 기본신상정보를 송달할 때에 관할경찰관서의 장은 등록대상자에 대한 「형의 실효 등에 관한 법률」 제2조제5호에 따른 범죄경력자료를 함께 송달하여야 한다. <개정 2016.12.20.>

⑦ 기본신상정보 및 변경정보의 송달, 등록에 관한 절차와 방법 등 필요한 사항은 대통령령으로 정한다. <개정 2016.12.20.>

제43조의2(출입국 시 신고의무 등) ① 등록대상자가 6개월 이상 국외에 체류하기 위하여 출국하는 경우에는 미리 관할경찰관서의 장에게 체류국가 및 체류기간 등을 신고하여야 한다.

② 제1항에 따라 신고한 등록대상자가 입국하였을 때에는 특별한 사정이 없으면 14일 이내에 관할경찰관서의 장에게 입국 사실을 신고하여야 한다. 제1항에 따른 신고를 하지 아니하고 출국하여 6개월 이상 국외에 체류한 등록대상자가 입국하였을 때에도 또한 같다.

③ 관할경찰관서의 장은 제1항 및 제2항에 따른 신고를 받았을 때에는 지체 없이 법무부장관에게 해당 정보를 송달하여야 한다.

④ 제1항 및 제2항에 따른 신고와 제3항에 따른 송달의 절차 및 방법 등에 관하여 필요한 사항은 대통령령으로 정한다.

 [본조신설 2016.12.20.]

제44조(등록대상자의 신상정보 등록 등) ① 법무부장관은 제43조제5항, 제6항 및 제43조의2제3항에 따라 송달받은 정보와 다음 각 호의 등록대상자 정보를 등록하여야 한다. <개정 2016.12.20., 2020.2.4.>

1. 등록대상 성범죄 경력정보
2. 성범죄 전과사실(죄명, 횟수)
3. 「전자장치 부착 등에 관한 법률」에 따른 전자장치 부착 여부

② 법무부장관은 등록대상자가 제1항에 따라 등록한 정보를 정보통신망을 이용하여 열람할 수 있도록 하여야 한다. 다만, 등록대상자가 신청하는 경우에는 등록한 정보를 등록대상자에게 통지하여야 한다. <개정 2016.12.20.>

③ 법무부장관은 제1항에 따른 등록에 필요한 정보의 조회(「형의 실효 등에 관한 법률」 제2조제8호에 따른 범죄경력조회를 포함한다)를 관계 행정기관의 장에게 요청할 수 있다.

④ 법무부장관은 등록대상자가 기본신상정보 또는 변경정보를 정당한 사유 없이 제출하지 아니한 경우에는 신상정보의 등록에 필요한 사항을 관계 행정기관의 장에게 조회를 요청하여 등록할 수 있다. 이 경우 법무부장관은 등록일자를 밝혀 등록대상자에게 신상정보를 등록한 사실 및 등록한 신상정보의 내용을 통지하여야 한다. <개정 2016.12.20.>

⑤ 제3항 및 제4항의 요청을 받은 관계 행정기관의 장은 지체 없이 조회 결과를 법무부장관에게 송부하여야 한다.

⑥ 제4항 전단에 따라 법무부장관이 기본신상정보를 등록한 경우에 등록대상자의 변경정보 제출과 사진 촬영에 대해서는 제43조제3항 및 제4항을 준용한다. <신설 2016.12.20.>

⑦ 제1항 또는 제4항 전단에 따라 등록한 정보(이하 "등록정보"라 한다)의 열람, 통지 신청 및 통지의 방법과 절차 등에 필요한

사항은 대통령령으로 정한다. <신설 2016.12.20.>

제45조(등록정보의 관리) ① 법무부장관은 제44조제1항 또는 제4항에 따라 기본신상정보를 최초로 등록한 날(이하 "최초등록일"이라 한다)부터 다음 각 호의 구분에 따른 기간(이하 "등록기간"이라 한다) 동안 등록정보를 보존·관리하여야 한다. 다만, 법원이 제4항에 따라 등록기간을 정한 경우에는 그 기간 동안 등록정보를 보존·관리하여야 한다.

1. 신상정보 등록의 원인이 된 성범죄로 사형, 무기징역무기금고형 또는 10년 초과의 징역·금고형을 선고받은 사람: 30년
2. 신상정보 등록의 원인이 된 성범죄로 3년 초과 10년 이하의 징역·금고형을 선고받은 사람: 20년
3. 신상정보 등록의 원인이 된 성범죄로 3년 이하의 징역·금고형을 선고받은 사람 또는 「아동·청소년의 성보호에 관한 법률」 제49조제1항제4호에 따라 공개명령이 확정된 사람: 15년
4. 신상정보 등록의 원인이 된 성범죄로 벌금형을 선고받은 사람: 10년

② 신상정보 등록의 원인이 된 성범죄와 다른 범죄가 「형법」 제37조(판결이 확정되지 아니한 수개의 죄를 경합범으로 하는 경우로 한정한다)에 따라 경합되어 「형법」 제38조에 따라 형이 선고된 경우에는 그 선고형 전부를 신상정보 등록의 원인이 된 성범죄로 인한 선고형으로 본다.

③ 제1항에 따른 등록기간을 산정하기 위한 선고형은 다음 각 호에 따라 계산한다. 제2항이 적용되는 경우도 이와 같다.

1. 하나의 판결에서 신상정보 등록의 원인이 된 성범죄로 여러 종류의 형이 선고된 경우에는 가장 무거운 종류의 형을 기준으로 한다.
2. 하나의 판결에서 신상정보 등록의 원인이 된 성범죄로 여러 개의 징역형 또는 금고형이 선고된 경우에는 각각의 기간을 합산

한다. 이 경우 징역형과 금고형은 같은 종류의 형으로 본다.

3. 「소년법」 제60조에 따라 부정기형이 선고된 경우에는 단기를 기준으로 한다.

④ 법원은 제2항이 적용(제3항이 동시에 적용되는 경우를 포함한다)되어 제1항 각 호에 따라 등록기간이 결정되는 것이 부당하다고 인정하는 경우에는 판결로 제1항 각 호의 기간 중 더 단기의 기간을 등록기간으로 정할 수 있다.

⑤ 다음 각 호의 기간은 제1항에 따른 등록기간에 넣어 계산하지 아니한다.

1. 등록대상자가 신상정보 등록의 원인이 된 성범죄로 교정시설 또는 치료감호시설에 수용된 기간

2. 제1호에 따른 기간 이전의 기간으로서 제1호에 따른 기간과 이어져 등록대상자가 다른 범죄로 교정시설 또는 치료감호시설에 수용된 기간

3. 제1호에 따른 기간 이후의 기간으로서 제1호에 따른 기간과 이어져 등록대상자가 다른 범죄로 교정시설 또는 치료감호시설에 수용된 기간

⑥ 법무부장관은 제44조제1항에 따른 등록 당시 등록대상자가 교정시설 또는 치료감호시설에 수용 중인 경우에는 등록대상자가 석방된 후 지체 없이 등록정보를 등록대상자의 관할경찰관서의 장에게 송부하여야 한다.

⑦ 관할경찰관서의 장은 등록기간 중 다음 각 호의 구분에 따른 기간마다 등록대상자와의 직접 대면 등의 방법으로 등록정보의 진위와 변경 여부를 확인하여 그 결과를 법무부장관에게 송부하여야 한다.

1. 제1항에 따른 등록기간이 30년인 등록대상자: 3개월

2. 제1항에 따른 등록기간이 20년 또는 15년인 등록대상자: 6개월

3. 제1항에 따른 등록기간이 10년인 등록대상자: 1년

⑧ 제7항제2호 및 제3호에도 불구하고 관할경찰관서의 장은 다음 각 호의 구분에 따른 기간 동안에는 3개월마다 제7항의 결과를 법무부장관에게 송부하여야 한다.

1. 「아동·청소년의 성보호에 관한 법률」 제49조에 따른 공개대상자인 경우: 공개기간
2. 「아동·청소년의 성보호에 관한 법률」 제50조에 따른 고지대상자인 경우: 고지기간

[전문개정 2016.12.20.]

[2016.12.20. 법률 제14412호에 의하여 2015.7.30. 헌법재판소에서 헌법불합치 결정된 이 조를 개정함.]

제45조의2(신상정보 등록의 면제) ① 신상정보 등록의 원인이 된 성범죄로 형의 선고를 유예받은 사람이 선고유예를 받은 날부터 2년이 경과하여 「형법」 제60조에 따라 면소된 것으로 간주되면 신상정보 등록을 면제한다.

② 등록대상자는 다음 각 호의 구분에 따른 기간(교정시설 또는 치료감호시설에 수용된 기간은 제외한다)이 경과한 경우에는 법무부령으로 정하는 신청서를 법무부장관에게 제출하여 신상정보 등록의 면제를 신청할 수 있다. <개정 2020.2.4.>

1. 제45조제1항에 따른 등록기간이 30년인 등록대상자: 최초등록일부터 20년
2. 제45조제1항에 따른 등록기간이 20년인 등록대상자: 최초등록일부터 15년
3. 제45조제1항에 따른 등록기간이 15년인 등록대상자: 최초등록일부터 10년
4. 제45조제1항에 따른 등록기간이 10년인 등록대상자: 최초등록일부터 7년

③ 법무부장관은 제2항에 따라 등록의 면제를 신청한 등록대상자가 다음 각 호의 요건을 모두 갖춘 경우에는 신상정보 등록을 면제한다. <개정 2020.2.4.>

1. 등록기간 중 등록대상 성범죄를 저질러 유죄판결이 확정된 사실이 없을 것

2. 신상정보 등록의 원인이 된 성범죄로 선고받은 징역형 또는 금고형의 집행을 종료하거나 벌금을 완납하였을 것

3. 신상정보 등록의 원인이 된 성범죄로 부과받은 다음 각 목의 명령의 집행을 모두 종료하였을 것

   가. 「아동·청소년의 성보호에 관한 법률」에 따른 공개명령·고지명령

   나. 「전자장치 부착 등에 관한 법률」에 따른 전자장치 부착명령

   다. 「성폭력범죄자의 성충동 약물치료에 관한 법률」에 따른 약물치료명령

4. 신상정보 등록의 원인이 된 성범죄로 부과받은 다음 각 목의 규정에 따른 보호관찰명령, 사회봉사명령, 수강명령 또는 이수명령의 집행을 완료하였을 것

   가. 제16조제1항·제2항·제4항 및 제8항

   나. 「형법」 제62조의2제1항

   다. 「아동·청소년의 성보호에 관한 법률」 제21조제1항·제2항·제4항 및 같은 법 제61조제3항

   라. 「전자장치 부착 등에 관한 법률」 제21조의3

5. 등록기간 중 다음 각 목의 범죄를 저질러 유죄판결을 선고받아 그 판결이 확정된 사실이 없을 것

   가. 제50조제3항 및 제5항의 범죄

   나. 「아동·청소년의 성보호에 관한 법률」 제65조제3항·제5항 및 같은 법 제66조의 범죄

다.「전자장치 부착 등에 관한 법률」제38조 및 제39조(성폭력
　　　범죄로 위치추적 전자장치의 부착명령이 집행 중인 사람으
　　　로 한정한다)의 범죄
　　라.「성폭력범죄자의 성충동 약물치료에 관한 법률」제35조의 범죄
④ 법무부장관은 제3항 각 호에 따른 요건의 충족 여부를 확인
하기 위하여 관계 행정기관의 장에게 협조(「형의 실효 등에 관한
법률」제2조제8호에 따른 범죄경력조회를 포함한다)를 요청하거
나 등록대상자에게 필요한 자료의 제출을 요청할 수 있다. 이 경
우 협조를 요청받은 관계 행정기관의 장은 지체 없이 이에 따라
야 한다. <개정 2020.2.4.>
　[본조신설 2016.12.20.]

제45조의3(신상정보 등록의 종료) ① 신상정보의 등록은 다음 각
호의 어느 하나에 해당하는 때에 종료된다.
1. 제45조제1항의 등록기간이 지난 때
2. 제45조의2에 따라 등록이 면제된 때
② 법무부장관은 제1항에 따라 등록이 종료된 신상정보를 즉시
폐기하여야 한다.
③ 법무부장관은 제2항에 따라 등록정보를 폐기하는 경우에는 등
록대상자가 정보통신망을 이용하여 폐기된 사실을 열람할 수 있
도록 하여야 한다. 다만, 등록대상자가 신청하는 경우에는 폐기
된 사실을 통지하여야 한다.
④ 제3항에 따른 등록정보 폐기 사실의 열람, 통지 신청과 통지
의 방법 및 절차 등에 필요한 사항은 대통령령으로 정한다.
　[본조신설 2016.12.20.]

제46조(등록정보의 활용 등) ① 법무부장관은 등록정보를 등록대상
성범죄와 관련한 범죄 예방 및 수사에 활용하게 하기 위하여 검

사 또는 각급 경찰관서의 장에게 배포할 수 있다.

② 제1항에 따른 등록정보의 배포절차 및 관리 등에 관한 사항은 대통령령으로 정한다.

제47조(등록정보의 공개) ① 등록정보의 공개에 관하여는 「아동·청소년의 성보호에 관한 법률」 제49조, 제50조, 제52조, 제54조, 제55조 및 제65조를 적용한다.

② 등록정보의 공개는 여성가족부장관이 집행한다.

③ 법무부장관은 등록정보의 공개에 필요한 정보를 여성가족부장관에게 송부하여야 한다.

④ 제3항에 따른 정보 송부에 관하여 필요한 사항은 대통령령으로 정한다.

제48조(비밀준수) 등록대상자의 신상정보의 등록·보존 및 관리 업무에 종사하거나 종사하였던 자는 직무상 알게 된 등록정보를 누설하여서는 아니 된다.

제49조(등록정보의 고지) ① 등록정보의 고지에 관하여는 「아동·청소년의 성보호에 관한 법률」 제50조 및 제51조를 적용한다.

② 등록정보의 고지는 여성가족부장관이 집행한다.

③ 법무부장관은 등록정보의 고지에 필요한 정보를 여성가족부장관에게 송부하여야 한다.

④ 제3항에 따른 정보 송부에 관한 세부사항은 대통령령으로 정한다.

제49조의2(간주규정) ① 「군사법원법」 제2조제1항 각 호의 어느 하나에 해당하는 사람(이하 이 조에서 "군인등"이라 한다)에 대하여 제25조제1항, 제27조제2항·제6항, 제29조, 제30조제4항·제5항, 제33조제1항부터 제4항까지, 제34조, 제40조제1항, 제41조, 제42조제2항·제4항을 적용함에 있어 "법원"은 "군사법원(고등법원을 포함

한다)"으로, "수사기관"은 "군수사기관"으로, "검사"는 "검찰관"으로, "사법경찰관"은 "군사법경찰관"으로, "국선변호사"는 "변호사 자격이 있는 장교"로 간주한다. <개정 2016.12.20., 2021.9.24.>

② 군인등에 대하여 제41조제1항을 적용함에 있어 "경찰"은 "군사법경찰관"으로 간주한다.

③ 군인등에 대하여 제33조제3항을 적용함(같은 조 제4항에 따라 준용되는 경우에도 같다)에 있어 "법원행정처장"은 "국방부장관"으로 간주한다.

[본조신설 2013.4.5.]

제4장 벌칙

제50조(벌칙) ① 다음 각 호의 어느 하나에 해당하는 자는 5년 이하의 징역 또는 5천만원 이하의 벌금에 처한다.

1. 제48조를 위반하여 직무상 알게 된 등록정보를 누설한 자
2. 정당한 권한 없이 등록정보를 변경하거나 말소한 자

② 다음 각 호의 어느 하나에 해당하는 자는 3년 이하의 징역 또는 3천만원 이하의 벌금에 처한다. <개정 2020.10.20.>

1. 제24조제1항 또는 제38조제2항에 따른 피해자의 신원과 사생활 비밀 누설 금지 의무를 위반한 자
2. 제24조제2항을 위반하여 피해자의 인적사항과 사진 등을 공개한 자

③ 다음 각 호의 어느 하나에 해당하는 자는 1년 이하의 징역 또는 500만원 이하의 벌금에 처한다. <개정 2016.12.20.>

1. 제43조제1항을 위반하여 정당한 사유 없이 기본신상정보를 제출하지 아니하거나 거짓으로 제출한 자 및 같은 조 제2항에 따른 관할경찰관서 또는 교정시설의 장의 사진촬영에 정당한 사유 없이 응하지 아니한 자

2. 제43조제3항(제44조제6항에서 준용하는 경우를 포함한다)을 위반하여 정당한 사유 없이 변경정보를 제출하지 아니하거나 거짓으로 제출한 자

3. 제43조제4항(제44조제6항에서 준용하는 경우를 포함한다)을 위반하여 정당한 사유 없이 관할 경찰관서에 출석하지 아니하거나 촬영에 응하지 아니한 자

④ 제2항제2호의 죄는 피해자의 명시한 의사에 반하여 공소를 제기할 수 없다.

⑤ 제16조제2항에 따라 이수명령을 부과받은 사람이 보호관찰소의 장 또는 교정시설의 장의 이수명령 이행에 관한 지시에 불응하여「보호관찰 등에 관한 법률」또는「형의 집행 및 수용자의 처우에 관한 법률」에 따른 경고를 받은 후 재차 정당한 사유 없이 이수명령 이행에 관한 지시에 불응한 경우에는 다음 각 호에 따른다. <개정 2016.12.20.>

1. 벌금형과 병과된 경우는 500만원 이하의 벌금에 처한다.

2. 징역형 이상의 실형과 병과된 경우에는 1년 이하의 징역 또는 5백만원 이하의 벌금에 처한다.

제51조(양벌규정) 법인의 대표자나 법인 또는 개인의 대리인, 사용인, 그 밖의 종업원이 그 법인 또는 개인의 업무에 관하여 제13조 또는 제43조의 위반행위를 하면 그 행위자를 벌하는 외에 그 법인 또는 개인에게도 해당 조문의 벌금형을 과(科)한다. 다만, 법인 또는 개인이 그 위반행위를 방지하기 위하여 해당 업무에 관하여 상당한 주의와 감독을 게을리하지 아니한 경우에는 그러하지 아니하다.

제52조(과태료) ① 정당한 사유 없이 제43조의2제1항 또는 제2항을 위반하여 신고하지 아니하거나 거짓으로 신고한 경우에는 300만원 이하의 과태료를 부과한다.

② 제1항에 따른 과태료는 대통령령으로 정하는 바에 따라 관할 경찰관서의 장이 부과·징수한다.

　[본조신설 2016.12.20.]

부칙 <법률 제18465호, 2021.9.24.>

제1조(시행일) 이 법은 2022년 7월 1일부터 시행한다.

제2조 부터 제7조까지 생략

제8조(다른 법률의 개정) ①부터 ⑤까지 생략
　⑥ 성폭력범죄의 처벌 등에 관한 특례법 일부를 다음과 같이 개정한다.
제49조의2제1항 중 ""군사법원""을 ""군사법원(고등법원을 포함한다)""으로 한다.
　⑦부터 ⑨까지 생략

제9조 생략

성폭력범죄의 처벌 등에 관한 특례법 시행령
(약칭: 성폭력처벌법 시행령)

[시행 2020.8.5.] [대통령령 제30908호, 2020.8.5., 타법개정]

제1조(목적) 이 영은 「성폭력범죄의 처벌 등에 관한 특례법」에서 위임된 사항과 그 시행에 필요한 사항을 규정함을 목적으로 한다.

제1조의2(성적 목적을 위한 공공장소 침입행위) 「성폭력범죄의 처벌 등에 관한 특례법」(이하 "법"이라 한다) 제12조에서 "「공중화장실 등에 관한 법률」 제2조제1호부터 제5호까지에 따른 공중화장실 등 및 「공중위생관리법」 제2조제1항제3호에 따른 목욕장업의 목욕장 등 대통령령으로 정하는 공공장소"란 다음 각 호의 어느 하나에 해당하는 장소를 말한다.

1. 「공중화장실 등에 관한 법률」 제2조제1호부터 제5호까지의 규정에 따른 공중화장실, 개방화장실, 이동화장실, 간이화장실 또는 유료화장실
2. 「공중위생관리법」 제2조제1항제3호에 따른 목욕장업의 목욕장
3. 「모자보건법」 제10조의3에 따른 모유수유시설로서 임산부가 영유아에게 모유를 먹일 수 있도록 설치된 장소
4. 다음 각 목의 어느 하나에 해당하는 시설에 설치된 탈의실 또는 목욕실
   가. 「체육시설의 설치·이용에 관한 법률」 제2조제1호에 따른 체육시설
   나. 「유통산업발전법」 제2조제3호에 따른 대규모점포

[본조신설 2013.6.17.]

제2조(성폭력범죄자의 재범 예방을 위한 시책 마련) 법무부장관은 법 제16조제2항에 따른 수강명령과 성폭력 치료프로그램의 이수명령의 실시에 필요한 프로그램의 개발 및 관련 전문인력의 양성 등 성폭력범죄자의 재범 예방을 위한 시책을 마련하여야 한다. <개정 2013.6.17.>

제3조(신상정보의 제출 내용 등) ① 법 제42조제1항에 따른 신상정보 등록대상자(이하 "등록대상자"라 한다)가 법 제43조제1항에 따라 제출하여야 하는 신상정보(이하 "기본신상정보"라 한다)의 세부 내용은 다음 각 호와 같다. <개정 2015.1.20., 2015.6.22., 2017.6.20.>

1. 성명: 한글과 한자(한자 성명이 있는 경우만 해당한다)로 표기하되, 외국인인 경우 한글과 영문으로 표기한다.

2. 주민등록번호. 다만, 외국인 및 「재외동포의 출입국과 법적 지위에 관한 법률」 제2조제1호에 따른 재외국민(주민등록을 하지 아니한 경우만 해당하며, 이하 "재외국민"이라 한다)과 같은 조 제2호에 따른 외국국적동포(이하 "외국국적동포"라 한다)에 대해서는 다음 각 목의 구분에 따라 표기한다.

   가. 외국인의 경우: 국적·여권번호 및 외국인등록번호(외국인등록번호가 없는 경우에는 생년월일)

   나. 재외국민의 경우: 여권번호 및 생년월일

   다. 외국국적동포의 경우: 국적·여권번호 및 같은 법 제7조제1항에 따라 부여된 국내거소신고번호(국내거소신고번호가 없는 경우에는 생년월일)

3. 주소 및 실제거주지: 다음 각 목의 구분에 따라 표기한다.

   가. 내국인의 경우: 「주민등록법」에 따라 신고한 주소와 실제거주지 주소

   나. 외국인의 경우: 「출입국관리법」 제32조에 따라 등록한 국

내 체류지와 실제거주지 주소

다. 외국국적동포의 경우:「재외동포의 출입국과 법적 지위에 관한 법률」 제6조에 따라 신고한 국내 거소와 실제거주지 주소

4. 직업 및 직장 등의 소재지: 직업, 직장명, 직장 소재지의 주소를 표기한다.

5. 연락처: 다음 각 목과 같이 구분하여 표기한다.

가. 전화번호: 주거지 전화번호, 휴대전화 번호 또는 그 밖에 연락할 수 있는 전화번호

나. 전자우편주소

6. 신체정보(키와 몸무게): 키는 센티미터로, 몸무게는 킬로그램으로 각각 표기한다.

7. 소유차량의 등록번호: 본인 명의로 등록된 모든 차량의 등록번호를 표기한다.

② 기본신상정보 및 법 제43조제3항에 따른 변경정보(이하 "변경정보"라 한다)는 등록대상자가 자신의 주소지 또는 거주지를 관할하는 경찰관서의 장(이하 "관할경찰관서의 장"이라 한다)에게 직접 방문하여 제출하여야 한다. 다만, 등록대상자가 교정시설 또는 치료감호시설(이하 "교정시설등"이라 한다)에 수용된 경우에는 그 교정시설의 장 또는 치료감호시설의 장(이하 "교정시설등의 장"이라 한다)에게 제출하여야 한다. <개정 2017.6.20.>

③ 관할경찰관서의 장 또는 교정시설등의 장은 기본신상정보와 변경정보를 받으면 다음 각 호의 관련 서류를 확인하는 방법으로 그 진위를 확인하여야 한다. <개정 2015.1.20., 2017.6.20.>

1. 주민등록증(재외국민의 경우에는 여권을 말한다)·운전면허증 또는 학생증

2. 여권 및 외국인등록증(외국인만 해당한다)

3. 여권 및「재외동포의 출입국과 법적 지위에 관한 법률」 제7조

에 따른 국내거소신고증 또는 국내거소신고 사실증명(외국국
적동포인 경우만 해당한다)

4. 재직증명서

④ 관할경찰관서의 장 또는 교정시설등의 장은 제2항에 따라 기
본신상정보와 변경정보를 받으면 기재사항 중 빠진 것이 없는지
를 확인한 후 제출 일시를 적은 확인서를 지체 없이 등록대상자
에게 발급하여야 한다. 이 경우 다음 각 호의 사항이 기재된 안
내문을 함께 교부하여야 한다. <개정 2017.6.20.>

1. 법 제43조에 따른 신상정보의 제출 의무에 관한 사항
2. 법 제43조의2에 따른 출입국 시 신고의무 등에 관한 사항
3. 법 제44조제2항에 따른 등록정보의 열람 및 통지에 관한 사항
4. 법 제45조의2에 따른 신상정보 등록의 면제에 관한 사항
5. 법 제45조의3제3항에 따른 등록정보 폐기 사실의 열람 및 통
   지에 관한 사항

⑤ 관할경찰관서의 장 또는 교정시설등의 장은 법 제43조제2항
또는 제4항에 따라 등록대상자의 사진을 촬영할 때에는 선명한
화질을 얻도록 충분히 조명을 밝힌 상태에서 600만 화소 이상의
해상도를 가진 카메라로 촬영하고, 등록대상자의 정면·좌측·우측
상반신 및 전신 컬러사진을 각각 구분하여 전자기록으로 저장·보
관하여야 한다. 이 경우 전자기록의 파일명을 등록대상자의 성명
과 생년월일로 하여야 한다.

⑥ 교정시설등의 장은 법 제43조제4항 단서에 따라 촬영한 등록
대상자 사진의 전자기록과 다음 각 호의 사항을 기재한 서면을
등록대상자가 출소되기 2개월 전까지 법무부장관에게 송달하여야
한다. 다만, 등록대상자가 가석방, 가종료 또는 가출소되는 경우
에는 출소 5일 전까지 법무부장관에게 송달하여야 한다.

1. 등록대상자의 출소 예정일

2. 등록대상자의 출소 후 거주지

3. 등록대상자의 출소 사유

⑦ 기본신상정보와 변경정보에 관한 제출 서식 및 신상정보 제출 확인서 등에 관하여 필요한 사항은 법무부령으로 정한다. <개정 2017.6.20.>

제4조(신상정보의 송달) 법 제43조제5항에 따른 기본신상정보 및 변경정보의 송달은 등기우편으로 하고, 전자기록의 송달은 행정기관의 정보통신망 등을 이용하여 한다. <개정 2017.6.20.>

제4조의2(출입국 시 신고 등) ① 법 제43조의2제1항에 따라 등록대상자는 6개월 이상 국외에 체류하기 위하여 출국하는 경우 출국하기 전까지 관할경찰관서의 장에게 법무부령으로 정하는 출국신고서를 제출하여야 한다.

② 제1항에 따라 출국신고서를 제출한 등록대상자는 사정변경 등으로 출국을 하지 아니하거나 출국 후 입국 예정일까지 입국을 할 수 없게 된 경우에는 지체없이 관할경찰관서의 장에게 알려야 한다.

③ 등록대상자는 법 제43조의2제2항에 따라 입국한 날부터 14일 이내에 관할경찰관서의 장에게 법무부령으로 정하는 입국신고서를 제출하여야 한다. 다만, 그 기간 내에 입국신고서를 제출할 수 없는 특별한 사정이 있는 경우에는 그 사유가 소멸한 날부터 7일 이내에 소명자료를 첨부하여 입국신고서를 제출하여야 한다.

④ 법 제43조의2제3항에 따라 관할경찰관서의 장은 제1항에 따른 출국신고서 및 제3항에 따른 입국신고서 등 등록대상자의 출입국에 관한 정보를 등기우편으로 법무부장관에게 송달하여야 한다.

[본조신설 2017.6.20.]

제5조(신상정보의 등록 등) ① 법무부장관은 법 제43조제5항·제6항 및 법 제43조의2제3항에 따라 관할경찰관서의 장 또는 교정시설 등의 장으로부터 송달받은 정보와 법 제44조제4항 전단에 따라

관계 행정기관의 장으로부터 조회된 내용을 확인한 후 성범죄자 등록정보 원부(이하 "등록정보원부"라 한다)에 등록하여야 한다. <개정 2017.6.20.>

② 법 제44조제1항 각 호의 등록대상자 정보의 세부 내용은 다음 각 호와 같다. <개정 2020.8.5.>

1. 등록대상 성범죄 경력정보: 다음 각 목의 사항
    가. 등록대상 사건의 판결일자
    나. 판결법원
    다. 사건번호
    라. 죄명
    마. 선고 형량 및 범죄사실의 요지
2. 성범죄 전과사실(죄명, 횟수): 다음 각 목의 사항
    가. 등록대상 사건의 확정 판결일 이전에 유죄판결이 확정된 성범죄의 죄명
    나. 등록대상 사건의 확정 판결일 이전에 성범죄로 유죄판결이 확정된 횟수
3. 「전자장치 부착 등에 관한 법률」에 따른 전자장치 부착 여부: 전자장치 부착 여부 및 부착 기간(부착기간은 부착명령을 받은 경우에 한정한다)

③ 등록정보원부의 서식과 작성 방식 등에 관한 구체적인 사항은 법무부령으로 정한다.

제5조의2(등록정보의 열람 방법 등) ① 법 제44조제1항 또는 제4항 전단에 따라 등록한 정보(이하 "등록정보"라 한다)의 열람은 등록대상자가 「형사사법절차 전자화 촉진법」 제2조제6호에 따른 형사사법포털(이하 이 조에서 "형사사법포털"이라 한다)에 접속하여 열람하는 방법으로 한다.

② 제1항에 따른 등록정보의 열람은 등록대상자 본인 외에는 할 수 없다.

③ 형사사법포털의 접속절차·방법 등 그 밖에 등록정보의 열람에 필요한 사항은 법무부장관이 정한다.

[본조신설 2017.6.20.]

제5조의3(등록정보의 통지 방법 및 절차) ① 등록대상자는 법 제44조제2항 단서에 따라 등록정보의 통지를 신청하거나 그 신청을 철회하려는 경우에는 법무부령으로 정하는 신청서를 직접 방문하거나 등기우편으로 법무부장관에게 제출하여야 한다.

② 법무부장관은 법 제44조제2항 단서 또는 같은 조 제4항 후단에 따라 등록정보를 통지하여야 하는 경우에는 등기우편으로 그 내용을 통지하여야 한다.

[본조신설 2017.6.20.]

제6조(등록정보의 관리) ① 법무부장관은 법 제45조제7항 및 제8항에 따라 등록정보의 진위와 변경 여부를 확인하기 위하여 필요하면 성범죄자 등록정보를 관할경찰관서의 장에게 제공할 수 있다. <개정 2017.6.20.>

② 법 제45조제7항에 따른 직접 대면 등의 방법은 등록대상자를 경찰관서에 출석시키는 방법을 포함한다. <개정 2017. 6. 20.>

③ 법 제45조제7항 및 제8항에 따라 관할경찰관서의 장으로부터 등록정보의 진위와 변경 여부 확인 결과를 송부받은 법무부장관은 그 내용을 확인한 후 변경된 정보를 등록정보원부에 등록하여야 한다. <개정 2017.6.20.>

제6조의2(신상정보 등록의 면제 신청 등) ① 법 제45조의2제2항에 따른 신상정보 등록의 면제를 신청하려는 등록대상자(이하 "면제 신청인"이라 한다)는 법무부령으로 정하는 신청서를 직접 방문하

거나 등기우편으로 법무부장관에게 제출하여야 한다.

② 제1항에 따른 면제 신청인으로부터 신상정보 등록의 면제 신청을 받은 법무부장관은 법 제45조의2제2항 각 호의 기간 경과 여부와 법 제45조의2제3항 각 호에 따른 면제 요건 충족 여부를 확인한 후 등록의 면제신청을 받은 날부터 20일 이내에 신상정보 등록의 면제 여부를 결정하여야 한다. 이 경우 법 제45조의2 제2항 각 호의 기간 경과 여부는 등록면제 신청일을 기준으로 하고, 법 제45조의2제3항 각 호에 따른 면제 요건 충족 여부는 등록면제 결정일을 기준으로 한다.

③ 법무부장관은 면제 신청인이 등록의 면제 여부의 결과를 정보통신망을 이용하여 열람할 수 있도록 하여야 한다. 다만, 면제 신청인이 요청하는 경우에는 등기우편으로 통지하여야 한다.

④ 제3항에 따른 등록면제 신청 결과의 열람 방법 등에 관하여는 제5조의2를 준용한다.
  [본조신설 2017.6.20.]

제6조의3(등록정보 폐기 사실의 열람 방법 등) ① 법 제45조의3제3항 본문에 따른 등록정보 폐기 사실의 열람 방법 등에 관하여는 제5조의2를 준용한다.

② 법 제45조의3제3항 본문에 따라 등록정보 폐기 사실을 열람할 수 있는 기간은 법 제45조의3제1항에 따라 등록이 종료된 때부터 1년으로 한다.
  [본조신설 2017.6.20.]

제6조의4(등록정보 폐기 사실의 통지 방법 및 절차) ① 등록대상자는 법 제45조의3제3항 단서에 따라 등록정보 폐기사실의 통지를 신청하거나 그 신청을 철회하려는 경우 법무부령으로 정하는 신청서를 직접 방문하거나 등기우편으로 법무부장관에게 제출하여야 한다.

② 법무부장관은 제1항에 따라 등록정보 폐기 사실의 통지 신청을 받은 경우 등기우편으로 그 내용을 통지하여야 한다.

③ 법무부장관은 법 제44조제4항 전단에 따라 등록된 신상정보가 법 제45조의3제2항에 따라 폐기된 경우에는 등기우편으로 해당 등록대상자에게 그 사실을 통지하여야 한다.

[본조신설 2017.6.20.]

제7조(등록정보의 활용 등) ① 법무부장관은 법 제46조제1항에 따른 등록정보의 배포를 갈음하여 검사나 각급 경찰관서의 장에게 법무부장관이 운영하는 정보통신망에 접속하여 등록정보를 조회하거나 출력하게 할 수 있다.

② 제1항에 따라 출력된 등록정보는 그 활용 목적을 다하거나 법 제45조의3제1항에 따라 신상정보의 등록이 종료되면 즉시 폐기하여야 한다. <개정 2017.6.20.>

제8조(등록정보의 송부) ① 법무부장관은 법 제47조제3항과 제49조제3항에 따라 등록정보의 공개와 고지에 필요한 정보(제6조제3항에 따라 등록정보원부에 등록한 변경된 정보를 포함한다)를 등록정보원부에 등록한 후 지체 없이 여성가족부장관에게 송부하여야 한다.

② 제1항에 따른 정보의 송부는 행정기관의 정보통신망 등을 이용하여 한다.

제9조(민감정보 및 고유식별정보의 처리) ① 법무부장관, 검사 또는 사법경찰관은 다음 각 호의 사무를 수행하기 위하여 불가피한 경우 「개인정보 보호법」 제23조에 따른 건강에 관한 정보, 같은 법 시행령 제18조제2호에 따른 범죄경력자료에 해당하는 정보 및 같은 영 제19조에 따른 주민등록번호, 여권번호, 운전면허의 면허번호 또는 외국인등록번호가 포함된 자료를 처리할 수 있다.

1. 법 제27조제6항에 따른 국선변호사의 선정 등에 관한 사무

2. 법 제35조 및 제36조에 따른 진술조력인의 자격·양성·교육 등
   에 관한 사무
3. 제1호 또는 제2호에 따른 사무를 수행하기 위하여 필요한 사무
② 법무부장관, 여성가족부장관, 검사, 관할경찰관서의 장, 각급
경찰관서의 장, 교정시설등의 장, 관계 행정기관의 장 또는 사법
경찰관은 다음 각 호의 사무를 수행하기 위하여 불가피한 경우
「개인정보 보호법」제23조에 따른 건강 및 성생활에 관한 정보,
같은 법 시행령 제18조제1호 및 제2호에 따른 유전정보 및 범죄
경력자료에 해당하는 정보 및 같은 영 제19조에 따른 주민등록
번호, 여권번호, 운전면허의 면허번호 또는 외국인등록번호가 포
함된 자료를 처리할 수 있다. <개정 2017.6.20.>
1. 법 제25조에 따른 피의자의 얼굴 공개 등에 관한 사무
2. 법 제43조의2에 따른 출입국 시 신고의무 등에 관한 사무
3. 법 제44조에 따른 등록대상자의 신상정보 등록 등에 관한 사무
4. 법 제45조에 따른 등록정보의 관리에 관한 사무
5. 법 제45조의2에 따른 신상정보 등록의 면제에 관한 사무
6. 법 제45조의3에 따른 신상정보 등록의 종료에 관한 사무
7. 법 제46조에 따른 등록정보의 활용 등에 관한 사무
8. 법 제47조에 따른 등록정보의 공개에 관한 사무
9. 법 제49조에 따른 등록정보의 고지에 관한 사무
10. 제1호부터 제9호까지의 규정에 따른 사무를 수행하기 위하여
    필요한 사무
③ 법 제27조제6항에 따른 국선변호사 또는 법 제35조에 따른
진술조력인은 다음 각 호의 업무를 수행하기 위하여 불가피한 경
우 제2항에 따른 개인정보가 포함된 자료를 처리할 수 있다.
1. 법 제27조제6항에 따른 국선변호사가 수행하는 성폭력범죄의
   피해자에 대한 법률적 조력 업무

2. 법 제35조에 따른 진술조력인이 수행하는 성폭력범죄의 피해자에 대한 의사소통 중개나 보조 업무
3. 제1호 또는 제2호에 따른 업무를 수행하기 위하여 필요한 업무

제10조(과태료의 부과기준) 법 제52조제2항에 따른 과태료 부과 기준은 별표와 같다.

[본조신설 2017.6.20.]

부칙 <대통령령 제30908호, 2020.8.5.>
　　　(전자장치 부착 등에 관한 법률 시행령)

제1조(시행일) 이 영은 2020년 8월 5일부터 시행한다.

제2조(다른 법령의 개정) ① 생략

② 성폭력범죄의 처벌 등에 관한 특례법 시행령 일부를 다음과 같이 개정한다.

제5조제2항제3호 중 "「특정 범죄자에 대한 보호관찰 및 전자장치 부착 등에 관한 법률」"을 "「전자장치 부착 등에 관한 법률」"로 한다.

③ 생략

◾ 저자 신현덕 ◾

□ 청주대 법학과 졸업
□ 충청북도 경찰국 수사과
□ 치안본부 수사지도사
□ 서울지방경찰청 형사과(경감)

□ 경찰대학 부설 수사보안연구소 강사
□ 경찰종합학교 강사
□ 서울지방경찰청 수사직무학교 강사
□ 서울지방경찰청 수사부범죄수사연구관

A에서 Z까지
스토킹, 데이트 폭력, 디지털 성범죄

2023년 3월 20일 인쇄
2023년 3월 25일 발행

저 자 신현덕
발행인 김현호
발행처 법률미디어 | 공급처 법문북스

주소 서울 구로구 경인로 54길4(구로동 636-62)
전화 02)2636-2911~2, | 팩스 02)2636-3012
홈페이지 www.lawb.co.kr

등록일자 1979년 8월 27일
등록번호 제5-22호

ISBN 979-11-92369-70-9(03360)
정가 24,000원

이 도서의 국립중앙도서관 출판예정도서목록(CIP)은 서지정보유통지원시스템 홈페이지(http://seoji.nl.go.kr)
와 국가자료종합목록 구축시스템(http://kolis-net.nl.go.kr)에서 이용하실 수 있습니다. (CIP제어번호 :
CIP2020014223)